科学者と中国古典名言集

藤嶋 昭（東京理科大学学長）
守屋 洋（中国文学者）
写真 田中光常

朝日学生新聞社

カバー　鳥を見つめるクロサイの親子
扉　　　キタキツネ

はじめに

最近の科学の進歩はすばらしい。ＩｏＴだ、ＡＩだ、ビッグデータ、自動運転とそのスピードについてゆくのが大変である。

今から50年前は、自動車だ、カラーテレビだと言っていたし、１００年前は汽車だ、電話だと言っていた時代である。

さらにさかのぼって日本の戦国～江戸時代には、ヨーロッパではルネッサンスがおこり、コペルニクス、ケプラーそしてガリレオによって地動説が主張され、ニュートンが活躍した時期でもあった。

ガリレオの少し前にはフィレンツェでダ・ヴィンチ、ミケランジェロそしてラファエロが活躍する。特にラファエロは、いまもバチカンにある大きな壁画「アテネの学堂」に、２０００年以上も前にギリシャで活躍したプラトン、アリストテレス、ピタゴラスなどを描いている。

このアテネ時代とほぼ時を同じくして、ユーラシア大陸の東の端、中国では孔子を始めとする偉人たちがすばらしい言葉を残している。論語であり、荘子である。

さて、今回のこの本であるが、中国古典の大家である守屋洋先生と、科学を専門にする私との共著としてまとめたものである。今までに類を見ない組み合わせではないかと思う。

私自身は中国古典に関心をもって守屋先生の本を多く読み、半年前に本書と同じ朝日学生新聞社から「理系のための中国古典名言集」を出版した。この本で幸いなことに表紙の帯に守屋先生から推薦の言葉をいただく機会を得た。このような経緯があって今回の出版となった次第である。

中国古典の権威である守屋先生と御相談し、科学の偉人と中国古典の偉人が残した言葉との類似性、関連性をまとめてみることにし、本書となった。

共通の考えになっているものもあるし、少し意味が離れているものもあるが、読者の方々のお考えを加えて楽しんでいただければ幸いである。

本書での写真は、朝日小学生新聞にながらく連載された動物写真の権威の田中光常先生の作品である。田中先生は残念ながら本年（２０１６年）５月に亡くなられたが、関係者の特別な御好意で使わせていただくことができた。なお、私の担当した科学者の名言であるが、２０１１年に東京書籍から出版した『時代を変えた科学者の名言』の一部をベースにしている。この出版の折にお世話になった東京書籍の植草武士氏と、サイエンスライターの菱沼光代氏にお礼を申し上げたい。

本書をまとめるにあたり、私が勤務している東京理科大学の伊藤真紀子氏、岩崎等氏、宮本崇氏、木村繭子氏、関村博道氏に貴重なご意見をいただくことができた。また朝日学生新聞社の植田幸司氏、高見澤恵理氏、佐藤夏理氏のお力によって本書をまとめることができた。これらの方々に感謝を申し上げる。

藤嶋　昭

もくじ

第2章　人のために 60

もくじ

もくじ

もくじ

第1章　人生とは

長いようで、あっという間の人の一生。
日々の生活、人との付き合い方、人としてのあり方――。
充実した人生にするために、
心にとめてほしい偉人たちの言葉を紹介する。

オーストラリアアシカ

少しの言葉で多くを語る

科学者の名言

多くの言葉で
少しを語るのではなく、
少しの言葉で
多くを語りなさい。

古代ギリシャの数学者、哲学者、天文学者
ピタゴラス（紀元前582～紀元前496）

ガラパゴスゾウガメ

ピタゴラス

エーゲ海に浮かぶサモス島に生まれる。タレスのもとで学び、エジプトに留学後、南イタリアのクロトンに移住して学校を開いた。数の秩序に注目し、数学的思考で自然の原理を理解しようとした彼の考えは、プラトンにも大きな影響を与えた。ピタゴラスの定理（三平方の定理）にその名を残す。また、数と音楽、天体の関係を研究し、地球や他の天体が球状であることをはじめて唱えた。

藤嶋's eye

ルネサンスの巨匠ラファエロが描いた「アテネの学堂」にも計算しているピタゴラスが描かれていますが、三角形の内角の和は１８０度であることや自然数を奇数と偶数に分類したことでも知られています。

基本的な事柄はシンプルにまとめることができますね。

中国古典の名言

大巧《たいこう》は拙《せつ》なるが如《ごと》く、大弁《たいべん》は訥《とつ》なるが如《ごと》し。

大巧如拙、大弁如訥。
『老子《ろうし》』四十五章

●訳
「ほんとうに巧みなものは稚拙《ちせつ》なように見える。弁舌も、訥弁のほうが能弁よりも説得力がある」

『老子』

『老子』は、「道家《どうか》」と呼ばれる思想流派の代表的な古典である。全文で5400字ほど。これを81章に分け、いずれも箴言《しんげん》風の短い文章から成っている。万物の根源に「道」なる存在があると主張し、「道」の体現している徳に着目して、人間の賢《さか》しらや作為を排除した生き方を説いている。作者は、一説によれば、孔子と同時代の老耼《ろうたん》なる人物だとされているが、確かなことはわからない。

守屋's eye

責任を自覚して行動に重きを置こうとすれば、おのずから口数は少なくなる。それでよいのである。ただし、どうしてもこちらの言い分を相手に伝えなければならないときがある。そんなときは、訥弁でもいいから、きちんと筋道を立てて、こちらの言い分を相手に伝えたい。

老子

友を選ぶなら

科学者の名言

多くの愚者を友とするより、
一人の知者を友とすべきである。

古代ギリシャの哲学者
デモクリトス
（紀元前４６０頃〜紀元前３７０頃）

デモクリトス

トラキア地方のアブデラまたはミレトスに生まれる。ペルシアの僧侶やエジプトの神官に学び、エチオピアやインドにも旅したと伝えられる。哲学のほか、数学、天文学、詩学、倫理学、生物学などに通じ、その博識のためソフィアと称された。レウキッポスを師として、原子論を提案。その快活な性格からか、「笑う哲学者」「笑う人」と呼ばれた。原子論が日の目をみたのは、およそ2000年以上後のこと。

藤嶋's eye

宇宙の成立を原子で説明するなどその先駆的考えには驚きます。

次の二つの名言もすばらしい。

「いかなることも、偶然には起こり得ない。」

「祝祭のない生活とは、旅館のない長い街道である。」

中国古典の名言

益者三友《えきしゃさんゆう》、損者三友《そんしゃさんゆう》。
直《ちょく》を友《とも》とし、諒《りょう》を友《とも》とし、多聞《たぶん》を友《とも》とするは益《えき》なり。
便辟《べんぺき》を友《とも》とし、善柔《ぜんじゅう》を友《とも》とし、便佞《べんねい》を友《とも》とするは損《そん》なり。

益者三友、損者三友。友直、友諒、友多聞益矣。友便辟、友善柔、友便佞損矣。

『論語《ろんご》』季氏《きし》篇

●訳

「つき合ってためになる友人が三種類、ためにならない友人が三種類いる。ためになるのは、剛直な人、誠実な人、博識な人である。逆に、易《やす》きにつきたがる人、人あたりのよい人、口先だけの人、これはつき合ってもためにならない」

『論語』

『論語』は、孔子（紀元前551～紀元前479）という人物の言行録である。「西のバイブル、東の論語」という人もいる。昔から人間学の教科書として広く読み継がれてきた。「学而《がくじ》」篇から「堯曰《ぎょうえつ》」篇まで、全部で20篇から成っており、孔子のことばを中心に、弟子たちとの問答など、およそ500ほどの短い文章が収められている。孔子という人はみずから「十有五《じゅうゆうご》にして学に志《こころざ》す」（為政篇）と語っているのだが、貧しい家に生まれたがゆえに、ほとんど独学であった。友を選べというこのアドバイスは、そういう体験から滲《にじ》み出たものであろう。

守屋's eye

「益者三友」のような友を持つことができれば、自分を磨くうえで、大いに助けとなるに違いない。逆に、「損者三友」のような友を持ったのでは、悪の道に引きずり込まれたりして、一生を棒に振ることにもなりかねない。

孔子

ささいなことにこだわるな

科学者の名言

どこか遠くへ行きなさい。仕事が小さく見えてきて、もっと全体がよく眺められるようになります。

イタリアのルネサンス期を代表する芸術家、自然科学者

レオナルド・ダ・ヴィンチ

（1452～1519）

ケープシロカツオドリ

レオナルド・ダ・ヴィンチ

フィレンツェの工房で学び、後に自分の工房を開いて独立する。絵画・彫刻・建築・土木・人体、そのほかの科学技術に通じ、幅広い分野にその才能を開花させた。絵画に「モナリザ」「最後の晩餐」など、不朽の名作を残す。

藤嶋's eye

フィレンツェはいつ行ってもまた行きたくなる町です。すばらしい町なみ、美術館の数々。そしてレオナルド・ダ・ヴィンチ、ミケランジェロ、ラファエロなどの巨匠が活躍した町。

ダ・ヴィンチは次のような言葉も残しています。

「光源の放つ光が明るいほど、照らされる物体の作る影は濃くなる。」

「充実した一日が幸せな眠りをもたらすように、充実した一生は幸福な死をもたらす。」

中国古典の名言

石火光中《せっかこうちゅう》に、長《ちょう》を争《あらそ》い短《たん》を競《きそ》う。幾何《いくばく》の光陰《こういん》ぞ。
蝸牛角上《かぎゅうかくじょう》に、雌《し》を較《くら》べ雄《ゆう》を論《ろん》ず。許大《きょだい》の世界《せかい》ぞ。

石火光中、争長競短。幾何光陰。
蝸牛角上、較雌論雄。許大世界。
『菜根譚《さいこんたん》』後集

訳

「飛び散る火花のように短い人生で、白だ黒だと争ってみても、どうなるものか。蝸牛《かたつむり》の角の上のように狭いこの世界で、勝った負けたと騒いでみても、どうなるものか」

『菜根譚』

『菜根譚』は、儒教と道教と仏教の三つの教えの上に立って処世の極意を説いた古典である。前集と後集に分かれ、全部で360ほどの短い文章から成っている。その限りでは読みやすい。作者は洪応明《こうおうめい》、字は自誠《じせい》。明《みん》代の人で、科挙の試験に合格して官途についたものの、途中で官を退いて野に下り、後半生はもっぱら道教と仏教の研究にいそしんだとされる。ちなみに「菜根」は粗末な食事の意。「譚」は話と同じ。日本にも江戸時代にもたらされ、以来、処世指南の書として広い層に読み継がれてきた。

守屋's eye

短い人生、狭い土俵。これを自覚することができれば、人生に新しい視界を開くことができるかもしれない。

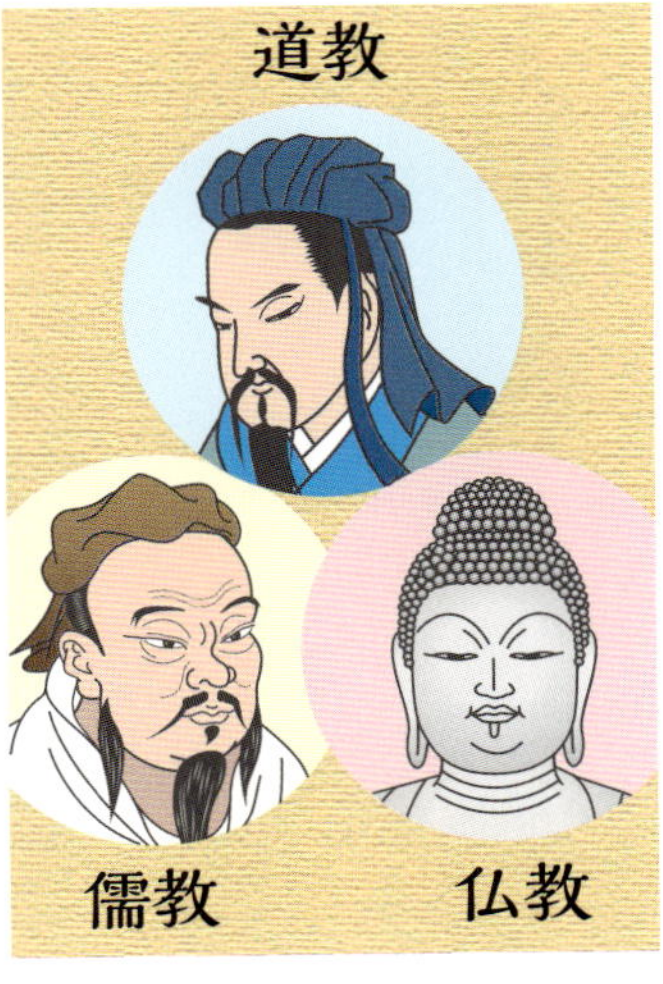

人生は短い
科学者の名言
僕にはもう時間が無い。
フランスの若き数学者　エヴァリスト・ガロア（1811〜1832）
ミサキウマ

エヴァリスト・ガロア

初等幾何学の教科書に出会い数学に熱中。教師予備校（後の高等師範学校）に入学するが、政治活動を激化させ投獄される。愛国者に決闘を申し込まれ、20歳の若さで死去。死の直前まで数学的着想を書き残した。後にガロア理論と呼ばれる彼の研究は、現代数学の扉を開くとともに、相対性理論や量子力学を始め現代科学に大きな影響を与えた。生前は数学王といわれたガウスにさえ理解されなかったという。

藤嶋's eye

有名な科学者の中で最も若くして亡くなった人。数学は若いときの発想力が大切といわれていますが、それでも20歳での着想とは驚きです。日本でも才能のある人は年齢に関係なく評価したいものですね。２０１１年に生誕２００周年のイベントがあったことを思い出します。

中国古典の名言

人生《じんせい》は幻化《げんか》に似《に》たり。

人生似幻化。

陶淵明《とうえんめい》「田園《でんえん》の居《きょ》に帰《かえ》る」

訳

「人生は夢まぼろしのようなものだ」

陶淵明

陶淵明（名は潜《せん》。365～427）は、東晋《とうしん》時代の詩人。宮仕えを嫌い、官を退いて郷里に閑居した。その心境を詠んだ詩が多く、田園詩人と呼ばれた。

守屋's eye

人生の持ち時間は限られている。あっという間に過ぎ去っていく。先人たちもそれを嘆いてきた。

そのことを自覚しながら、自分なりに納得のいく人生にしたい。

陶淵明

先を見据える

科学者の名言

未来を考えない者に、未来はない。

アメリカの技術者、実業家　ヘンリー・フォード（1863～1947）

マサイキリン

ヘンリー・フォード

デトロイトで機械工、技術者として働きながら、自作四輪自動車の製作に成功し、自動車会社フォード・モーターを創業。流れ作業による大量生産方式を開発し、自動車を大衆に普及させるのに大きく貢献した。世界初の実用的大衆車「T型フォード」は、人々のライフスタイルを一変させた。大量生産の方式は他の工業製品にも応用され、20世紀の社会のあり方に決定的な影響を与えた。

藤嶋's eye

自動車がない現在の社会は考えられません。都市もそうですが、地方、特に人口の少ない地域では自動車が生命線をにぎっています。最近の自動車の進歩も著しいですね。ハイブリッド車、電気自動車、燃料電池車と続き、いまは自動運転が話題です。

中国古典の名言

人《ひと》、遠《とお》き慮《おもんぱか》りなければ、必《かなら》ず近《ちか》き憂《うれ》いあり。

人無遠慮、必有近憂。
『論語《ろんご》』衛霊公《えいれいこう》篇

訳

「遠い先のことまで対策を立ててかからないと、必ず足もとから崩れていく」

『論語』

『論語』は孔子の言行録である。

孔子という人は、みずからの理想を実現して乱れた政治を立て直そうとした。だが、単なる理想主義者ではない。みずから権謀の渦巻く政治の現場に身を置いて、現実の政治を変えていくことがいかに難しいか、そういう苦労もたっぷり経験しているのである。

理想と現実の折り合いをどうつけていくか、これは政治だけの問題ではない。

守屋's eye

足もとを固めてかかることも必要であるが、同時に、しっかりした将来構想を立ててかかりたいのだという。これがあれば、眼前の事態に一喜一憂しないですむかもしれない。

ハリモグラ

有終の美を飾る

科学者の名言

長く生きるほど、
人生はより美しくなる。

アメリカの建築家
フランク・ロイド・ライト
（1867〜1959）

ニホンザル

フランク・ロイド・ライト

「自然との融合」の哲学のもと、アメリカ大陸に多くの建築作品を残す。日本の帝国ホテルの設計も手掛けた。ル・コルビュジエらとともに、「近代建築の三大巨匠」の一人とされる。プレーリースタイル（草原様式）の作品でアメリカの郊外住宅に新しい建築様式を打ち出した。代表作に、カウフマン邸（落水荘）やグッゲンハイム美術館がある。

藤嶋's eye

このライトの言葉ほど人によって違いが出るものはないように思います。もちろんこの通りの人の例を知ってはいますが、逆の人も多いように感じます。心したいものです。

中国古典の名言

功遂《こうと》げ身退《みしりぞ》くは、天《てん》の道《みち》なり。

功遂身退、天之道也。
『老子《ろうし》』九章

●訳
「仕事を成し遂げたら身を引くのが天の道である」

『老子』

『老子』はまたこうも語っている。

「あふれるほど注ぎこんだ水は、すぐにこぼれる。鋭くとぎすました刃物は、折れるのも早い。財宝を部屋いっぱいにためこんでも、守りきれない。出世して得意顔をすれば、足を引っぱられる。」

守屋's eye

晩年まで美しい人生にしたいところだが、現実には老醜をさらす人も少なくないように思われる。有終の美を飾るためにも、『老子』のこの名言に耳を傾けてほしい。

能力を身につける

科学者の名言

人の一生の幸せも、災いも自分から作るもの、周りの人間も、周りの状況も、自分が作り出した影と知るべきである。

福島県出身の細菌学者
野口英世（1876〜1928）

インパラ

野口英世

1歳の時に囲炉裏で火傷した左手の治療をきっかけに医学を志す。済生学舎（日本医科大学の前身）、伝染病研究所を経て渡米。コペンハーゲンの血清学研究所への留学の後、ロックフェラー医学研究所で梅毒スピロヘータの研究などを行う。その後、アフリカ西部で黄熱病の研究中にみずからも感染して病没。子供向けの伝記が多数出版され、現在は1000円札の肖像になっている。また、日本政府による「野口英世アフリカ賞」が創設されている。

藤嶋's eye

野口英世の伝記は有名で、私も中学生のときに読んで感動しました。福島県の貧しい農家の出身で、小さいときに囲炉裏におちて、左手の指がくっついてしまうという大ケガをしています。手術の後は語学や医学を猛勉強し、20歳で医師免許もとっています。日本医科大学には、野口英世の写真などが飾ってあるコーナーがあります。

中国古典の名言

黙《もく》してこれを成《な》し、言《い》わずして信《しん》あるは、徳行《とっこう》に存《そん》す。

黙而成之、不言而信、存乎徳行。

『易経《えききょう》』繫辞《けいじ》上伝

訳

「ことさらな発言などしないで、黙って坐っているだけ。それでも人々の信頼を集め、仕事も完成されていく。それはほかでもない、その人に徳が備わっているからである」

『易経』

『易経』は、変化の理法を追究した占いの原典である。儒教の原典としても重んじられてきた。あらゆる事象を64のタイプ（卦）に分け、それを説明する「経《けい》」と、その解釈学である「十翼《じゅうよく》」とから成っている。占いそのものは太古の昔からあったようだが、このようなかたちでまとめられたのは漢代初期のこととされる。占いはともかくとして、この古典には奥深い人生訓のようなものがちりばめられていて、それが大きな魅力になっている。

守屋's eye

徳のメリットである。黙っていても人はついてくる、それが魅力なのだという。

人間としての信頼性を高めるためには、能力に磨きをかけなければならない。しかし、これだけでは不十分であって、もう一つ徳を身につける必要がある。能力と徳は車の両輪といってよいかもしれない。

先人の言行に学べ

科学者の名言

科学はやはり
不思議を殺すものではなく、
不思議を生み出すものである。

高知県出身の物理学者、俳人、随筆家
寺田寅彦（1878〜1935）

アメリカフクロウ

寺田寅彦

熊本の第五高等学校のときに英語教師をしていた夏目漱石に出会い影響を受ける。ベルリン大学に留学。地球物理学、実験物理学を研究し、東京帝国大学（現在の東京大学）教授となる。潮汐の副振動の観測やX線による結晶解析などに業績を残す。また、「金平糖の角」や「ひび割れ」の形の研究は「寺田物理学」と呼ばれた。一方で科学と文学を調和させた随筆を数多く残し、漱石とは師匠と門下生以上の交流を続けた。

藤嶋's eye

夏目漱石の『三四郎』に野々宮として実験をしている寺田氏が紹介されています。

随筆もすばらしく、『津浪と人間』こそ、原子力発電所の建設を東北沿岸に決める前に読んでおくべきエッセイだったと思います。東北沿岸は40年ごとに大きな津波が襲ってきているところです。

中国古典の名言

君子《くんし》以《も》って多《おお》く前言往行《ぜんげんおうこう》を識《しる》して、以《も》ってその徳《とく》を畜《やしな》う。

君子以多識前言往行、
以畜其徳。
『易経《えききょう》』大畜《だいちく》卦

● **訳**

「君子は、先人のことばや業績を学ぶことによって、わが徳を磨いていくのである」

『易経』

「前言往行」はどこに記されているのかといえば、古典である。

昔からたくさんの本が書かれてきたが、つまらない本はすぐに消えていった。そういうなかで千年も二千年も読み継がれて現代にまで伝えられてきたのが古典である。どうしてそんなに長く生き残ってきたのか。いうまでもなく、いつの時代に読んでも参考になることが書かれているからである。そういう古典にじっくり取り組めば、人間力に厚みを加えていくことができるのだという。

守屋's eye

和漢洋を問わず、古典には先人の事例が無数に記録されている。また、そのなかには人間学の真髄に迫るような名言のたぐいも数多く残されている。それらに学ぶことができれば、現代を生きていくうえでも、大きな支えになるであろう。

自然のなかに身を置く

科学者の名言

〝夜の次に朝がきて、冬が去れば春になるという確かさ〟のなかには、限りなくわたしたちを癒やしてくれる何かがあるのです。

アメリカの海洋生物学者、作家
レイチェル・カーソン（1907〜1964）

カナダガン

レイチェル・カーソン

ペンシルベニア女子大学（現在のチャタム大学）、ジョンズ・ホプキンス大学修士課程に学び、アメリカ連邦漁業局に勤務。後に作家として文筆業に専念。１９６２年『沈黙の春』を出版し、環境問題を提起した。翌年、シュバイツァー賞受賞。没後に出版された『センス・オブ・ワンダー』は、彼女の最後のメッセージとして、環境教育や幼児教育に影響を与え続けている。

藤嶋's eye

海辺の小さなカニの動きや、規則的に打ちよせる波の音、草のなかから聞こえる虫たちの音楽、そのとぎすまされた感覚には驚きます。

この自然の不思議さに感嘆する感性が表現された『センス・オブ・ワンダー』の本は、科学者だけではなく、生涯を通じて誰もが持ち続けられるものです。

中国古典の名言

天地《てんち》は本寛《もとひろ》し、而《しか》して鄙《いや》しき者自《ものみず》ら隘《せま》くす。風花雪月《ふうかせつげつ》は本間《もとかん》なり、而《しか》して労攘《ろうじょう》の者自《ものみずか》ら冗《わずらわ》しくす。

天地本寛、而鄙者自隘。
風化雪月本間、而労攘者自冗。
『菜根譚《さいこんたん》』後集

訳

「天地はもともと広いものだ。ところが志の低い人間は自分から狭くしている。四季の風情はもともとのどかなものだ。ところがあくせくした人間はそれさえもうるさがっている」

『菜根譚』

『菜根譚』には老荘流の隠遁志向も底流のように流れている。このコメントもその一つである。隠遁が無理なら、せめて、時には自然の懐に抱かれて人間らしさを取りもどしてほしいのだという。

守屋's eye

自然のなかに身を置いていると、疲れた心を癒やすことができる。そのためにも、先祖から受け継いだ自然を大切に守って、共存をはかっていきたい。

誠は人の道である

科学者の名言

一番のルールは、
自分自身を欺かないことだ。

アメリカの物理学者
リチャード・ファインマン
(1918〜1988)

リチャード・ファインマン

マサチューセッツ工科大学、プリンストン大学で物理学を学ぶ。コーネル大学を経て、カリフォルニア工科大学教授。第2次世界大戦中に、マンハッタン計画に参加。1965年、量子電磁力学の発展に大きく寄与したことにより、ジュリアン・S・シュウィンガー、朝永振一郎とともにノーベル物理学賞を共同受賞。『ファインマン物理学』『ご冗談でしょう、ファインマンさん』などの書籍でも知られる。

藤嶋's eye

以前『ご冗談でしょう、ファインマンさん』の本を買って、少しだけ読んで放り出してしまっていました。いま、ファインマンの生涯を読んでみて、その才能のすごさ、正直さやユーモアのある行動などに感動しています。ゆっくり読み直してみたいと思っています。

中国古典の名言

誠《まこと》は天《てん》の道《みち》なり。
これを誠《まこと》にするは人《ひと》の道《みち》なり。

誠者天之道也。
誠之者人之道也。
『中庸《ちゅうよう》』二十章

訳

「誠は天の道である。誠の発現に努めるのが人の道である」

『中庸』

『中庸』は『大学』とともに儒学の原典とされてきた。「中庸」と「誠」の二つのキーワードを軸に儒教哲学を説きあかしている。

では、「誠」とは何か。嘘《うそ》いつわりのないことだという。これはもともと天の道なのだが、人間にも賦与されている。だが、普通の人は欲望に邪魔されて、せっかくの「誠」がくもらされてしまう。だから、そうならないように、常に「誠」の発現に努めなければならない。これが人間に課せられた務めなのだという。

守屋's eye

日本の社会は、伝統的に誠意とか誠実であることを重んじてきた。「至誠」などということばもよく聞かされた記憶がある。これは日本ならではの立派な伝統といってよいだろう。これからも大切にしていきたい。

スタインボック

どこに集中するか

科学者の名言

人生はできることに
集中することであり、
できないことを
悔やむことではない。

イギリスの理論物理学者
スティーブン・ホーキング（1942〜）

ケープキリン

スティーブン・ホーキング

オックスフォード大学、ケンブリッジ大学大学院で物理学、宇宙論を専攻。32歳のとき史上最年少で英国王立協会会員となる。「ブラックホールの蒸発理論」や相対性理論に量子論を取り入れた「無境界仮説」などを提唱。2009年までケンブリッジ大学ルーカス教授職。著書『ホーキング、宇宙を語る』が全世界で1000万部を超えるベストセラーとなり、車椅子の宇宙物理学者として一般にも広く知られている。

藤嶋's eye

サイエンスライターとしても多くの本を書いていて、娘のルーシーさんとの共著『ホーキング博士のスペース・アドベンチャー』を読んだときも感動しました。

次のメッセージもあります。

「今の仕事を好きになって一生懸命やったとき、次なる道が見えてくるものだ。」

中国古典の名言

いまだ就《な》らざるの功《こう》を図《はか》るは、已《すで》に成《な》るの業《ぎょう》を保《たも》つに如《し》かず。既《き》往《おう》の失《しつ》を悔《く》ゆるは、将来《しょうらい》の非《ひ》を防《ふせ》ぐに如《し》かず。

図未就之功、不如保已成之業。
悔既往之失、不如防将来之非。
『菜根譚《さいこんたん》』前集

訳

「見通しの立たない計画に頭を悩ますよりも、すでに軌道に乗った事業の発展をはかるがよい。過去の失敗にくよくよするよりも、将来の失敗に備えるがよい」

『菜根譚』

『菜根譚』という古典は幾つもの顔をもっている。

たとえば、功名富貴の追求を説きながら、悠々自適の生き方にも共感を示している。また、厳しい現実を生きていく知恵を語りながら、悩める心にも救いの手をさしのべているし、隠君子の心境に共鳴しながら、社会を背負って立つエリートの心得にも説き及んでいく。

ここに取り上げたことばは、事業を成功させる心得について説いたものである。

守屋's eye

ホーキングの見解と少しニュアンスの違いはあるが、これもまた実践的なアドバイスではないか。

ダチョウ

第2章　人のために

「世の中をよくしたい」

偉人たちが絞ってきた知恵には、そんな思いが詰まっている。

教育者、哲学者、医師、測量家……

さまざまな形で世に貢献してきた彼らの言行から学びたい。

ニホンザル

やる気を出せ

科学者の名言

少年を暴力と厳しさによって
教え込もうとするな。
彼の興味を利用して指導せよ。

古代ギリシャの哲学者
プラトン（紀元前４２７〜紀元前３４７）

ライオン

プラトン

王の血をひく貴族の息子としてアテネに生まれる。ソクラテスに哲学と対話術を学ぶ。イタリア（シチリア）、エジプトを旅し、ピタゴラス学派とも交流。その後、アテネ郊外に学園アカデメイアを設立し、天文学、生物学、数学、政治学、哲学などの教育と著作に力を注ぐ。『ソクラテスの弁明』や『国家』等の著作で知られ、その思想は西洋哲学の源流として後世に絶大な影響を与えた。弟子のアリストテレスは20年間学園に在籍し、研究のかたわら後進を指導していた。

藤嶋's eye

子どもたちへの教育で大事なことは、しかることではなく、ほめることだと思っています。だれでもほめられるとうれしいし、特に先生にほめられたことは一生おぼえているものです。

多くの名言も残しています。

「驚きは知ることの始まりである。」

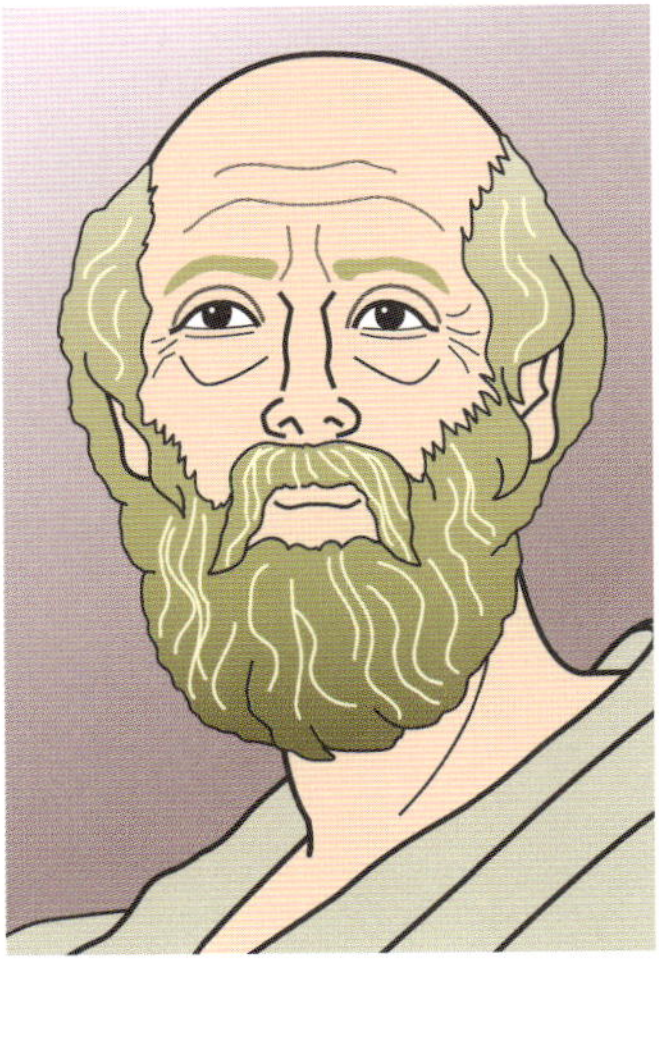

中国古典の名言

これを如何《いかん》せん、これを如何《いかん》せんと曰《い》わざる者《もの》は、吾《われ》これを如何《いかん》ともするなきのみ。

不曰如之何、如之何者、
吾末如之何也已矣。
『論語《ろんご》』衛霊公《えいれいこう》篇

●訳

「どうしたらよいか、どうしたらよいかと、悩んだり苦しんだりしている者でなかったら、私だってどうしてやることもできない」

『論語』

孔子は73歳で亡くなっている。２５００年も前の当時としては希《まれ》な長命であった。その人生、世俗的には必ずしも恵まれたものではなかったが、どんな逆境に突き落とされても志をもち続け、常にやる気を燃やしてその実現のために奔走した。

その孔子が弟子たちに対して何よりもまず望んだのが、「やる気を出せ」ということであった。それを語っているのが、このことばである。

守屋's eye

相手をやる気にさせることができたら、教育の目的は半ば達せられたといってよい。少なくとも、へたなお説教を垂れるよりも、はるかに勝《まさ》っているのではないか。

世のため、人のために

科学者の名言

後世の役に立つような、しっかりとした仕事がしたい。

千葉県出身の測量家
伊能忠敬（1745～1818）

伊能忠敬

18歳で伊能家の婿養子となり、酒・醬油の醸造業、貸金業などを営み、商人として財を成す。50歳で家督を長男に譲り隠居すると、江戸に出て測量、天文観測などを修める。55歳から17年間（1800〜1816年）、江戸幕府の国家的事業として全国を測量し、大日本沿海輿地全図を完成させた。その精度と彩色の美しさは欧米でも高く評価され、関係資料2000点以上が2010年に国宝に指定された。

藤嶋's eye

「中高年の星」「人生を2度生きた男」と評価されています。井上ひさしの書いた小説『四千万歩の男』でわかるように、55歳から72歳までの17年間で、北海道から始まり伊豆七島や九州の島々を含めて10次にわたる測量をしています。

3万5千キロメートルを歩測を中心にして正確な全国地図に作ったとは驚きです。

中国古典の名言

為《つく》る所人《ところひと》に功利《こうり》あらば、これを巧《こう》と謂《い》い、人《ひと》に利《り》あらざれば、これを拙《せつ》と謂《い》う。

所為功利於人、謂之巧、
不利於人、謂之拙。
『墨子《ぼくし》』魯問《ろもん》篇

● 訳

「なにか製品を作って、それが人間のために役立つものであれば、それこそすばらしい技術であり、人間のためにならないものであれば、それはダメな技術である」

『墨子』

『墨子』53篇は、墨子（名は翟《てき》）とその思想流派の言説をまとめた古典である。墨子は戦国時代初期の思想家。「兼愛《けんあい》」（博愛）、「非攻《ひこう》」（戦争反対）、「尚賢《しょうけん》」（人材の登用）などを主張し、孔子の流れを汲む儒家と鋭く対立した。出自は必ずしも定かではないが、もともとは手工業の職人の出であったらしい。思想家としては無論のこと、技術者としても当代一流であったといわれる。

守屋's eye

このことばは、その墨子の技術論である。技術も世のため人のために役立つものであってほしいのだという。いかにも現場の苦労を知り抜いた人物らしいコメントではないか。

墨子

文明には毒がある

科学者の名言

科学技術の進歩は常に
危険と背中合わせだ。
それを乗り越えてはじめて
人類の未来に貢献できる。

スウェーデンの化学者、実業家
アルフレッド・ノーベル
（1833〜1896）

オランウータン

アルフレッド・ノーベル

ニトログリセリンの実用化に初めて成功。さらに改良してダイナマイトを発明する。工事現場で岩盤の破壊などに広く普及し巨万の富を築くが、爆薬として戦争にも使用されたことを悔やみ、遺言によって「ノーベル賞」が創設された。授賞式が行われる12月10日は彼の命日にあたる。

藤嶋's eye

ノーベル賞ほど権威のある賞はありません。この賞を作ったノーベルでも、これほど価値の高い賞として認められることを予想できなかったのではないでしょうか。日本人で最初の受賞者の湯川秀樹氏のことは皆知っていますし、毎年10月の発表の折は大変なさわぎです。我が東京理科大学でも、大学院を修了された大村智先生が２０１５年に受賞されました。

中国古典の名言

機械《きかい》あれば必《かなら》ず機事《きじ》あり。機事《きじ》あれば必《かなら》ず機心《きしん》あり。

有機械者、必有機事。
有機事者、必有機心。
『荘子《そうし》』天道《てんどう》篇

●訳

「効率のよい仕掛けが使われ出すと、それに伴って、たくらみごとが起こってくる。たくらみごとが起こると、人間の心までそれに振り回されていく」

『荘子』

『荘子』は『老子』とともに「道家」という思想流派を代表する古典である。あわせて「老荘思想」などとも呼ばれている。「道家」の特色の一つは、早くから文明のマイナス面に目を向けて警鐘を鳴らしてきた点にある。ここに取り上げたことばもその一端を示したもの。『荘子』は全部で33篇。作者は戦国時代の思想家・荘周《そうしゅう》。たしかに実在した人物のようだが、世に出ることを嫌い、在野の隠君子として生涯を終えたといわれる。

守屋's eye

「道家」の文明批判にも一理あることは認めざるをえない。しかし、文明の利器はなんといっても便利である。どう折り合いをつけていくのか、われわれに課せられた課題であって、人間の英知が問われているのではないか。

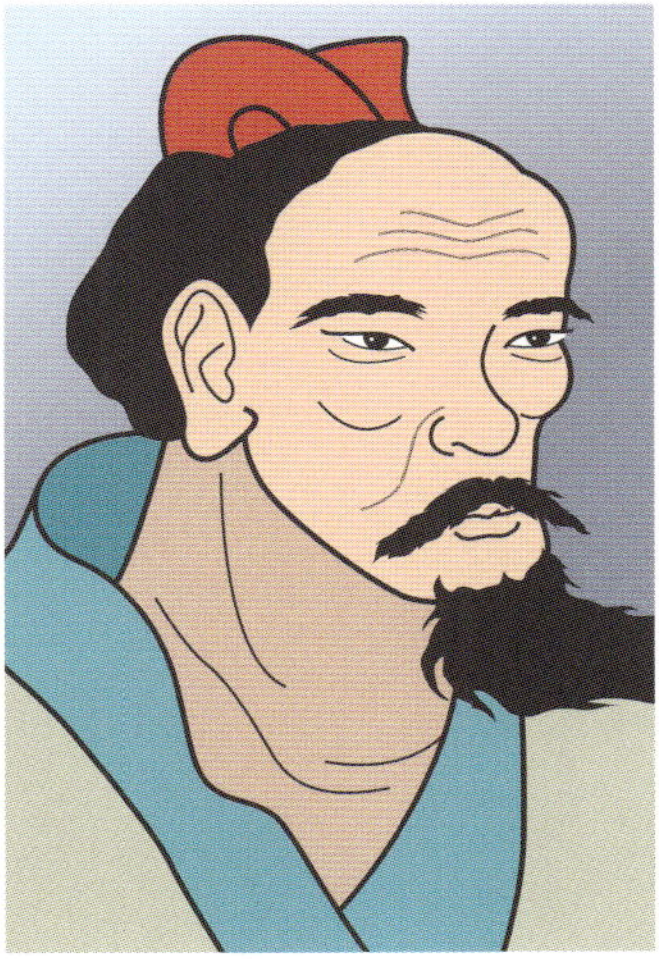

荘子

あらかじめ
手を打つ

科学者の名言

医者の使命は
病気を予防することにある。

熊本県出身の細菌学者、医者
北里柴三郎（1853〜1931）

ジャイアントパンダ

北里柴三郎

熊本医学校、東京医学校（現・東京大学医学部）に学び、予防医学を志す。ドイツに留学してロベルト・コッホに師事し、破傷風菌の純粋培養に成功し、血清療法を確立。帰国後、福沢諭吉らの協力を得て、伝染病研究所を創立。ペスト菌を発見した。北里研究所、慶應義塾大学医学部、日本医師会を創設して、我が国の医学の発展に尽力した。門下生からはドンネル先生（ドイツ語で「雷おやじ」）の愛称で敬愛された。

藤嶋's eye

北里大学はライフサイエンス系の私学の雄として発展してきています。2015年ノーベル生理学・医学賞を受賞された大村智先生も、東京理科大学で修士をとられた後には北里大学に所属され、すばらしい研究成果をあげておられます。

中国古典の名言

天下《てんか》の事《こと》は、意外《いがい》に在《あ》るもの常《つね》に多《おお》し。衆人《しゅうじん》は眼前《がんぜん》に事《こと》なきを見得《みう》れば、都《すべ》て心《こころ》を放下《ほうげ》す。明哲《めいてつ》の士《し》は、只《た》だ意外《いがい》に在《あ》りて工夫《くふう》を做《な》す。故《ゆえ》に毎《つね》に万全《ばんぜん》にして後《のち》の憂《うれ》いなし。

天下之事、在意外者常多。衆人見得眼前無事、都放下心。明哲之士、只在意外做工夫。故毎万全而無後憂。

『呻吟語《しんぎんご》』応務《おうむ》篇

訳

「世の中には、しばしば予想外の事態が起こる。普通の人間は、目の前になにごとも起こらなければ、それで安心してしまう。ところが、賢い人物は予想外の事態に備えて対策を怠らない。だから、いつも万全の態勢で臨み、いささかも心を痛めないのである」

『呻吟語』

『呻吟語』は、明《みん》代の人・呂新吾《りょしんご》（名は坤《こん》、１５３６～１６１８年）の自省録である。科挙に合格し、高級官僚として政治に参画したが、硬骨の正義派であったがゆえに濁流派からにらまれ、しばしば左遷の憂き目にあった。そのかれが折々に反省メモとして記しておいたものを後にまとめたのがこの書である。リーダーの心得についてふれたものが多い。ちなみに「呻吟」とは、みずから発したうめき声なのだという。日本にも江戸時代にもたらされ、心ある人々に読み継がれてきた。

守屋's eye

予防の心得は医学に限ったことではない。波乱の人生を生き抜いていくうえでも、必要になる。

ちなみに、物事の動きを察知する勘のようなものは、教えられて身につくものではなく、実践のなかで鍛えていくよりないのかもしれない。

オランウータン

与えること、譲ること

科学者の名言

人生は与えることによって豊かになる。

ドイツ生まれの医者、哲学者、音楽家

アルベルト・シュバイツァー（1875〜1965）

アルベルト・シュバイツァー

ストラスブール大学で神学と哲学、後に医学を学び、38歳からアフリカでの医療活動に生涯を捧げた。ヨーロッパ各地で講演とパイプオルガンの演奏活動を行い名声を得る。第2次世界大戦後は核問題を中心に反戦運動を行い、1952年ノーベル平和賞を受賞。「生命への畏敬」の哲学やバッハの研究家としても知られる。

藤嶋's eye

少年時代、年をとり動けなくなった馬がムチ打たれながら屠殺場に引かれて行くのを見て衝撃を受け、生き物を大切にする心を持ち続けたそうです。30歳から医学部に入学して医師となり、アフリカの赤道直下ガボンで住民への医療を90歳まで続けたことでも知られています。

「力のある者ほど、無言のまま働きかける。真の道徳は、言葉の終わった処から始まる」

中国古典の名言

径路《けいろ》の窄《せま》き処《ところ》は、一歩《いっぽ》を留《とど》めて人《ひと》の行《い》くに与《あた》え、滋味《じみ》濃《こま》やかなものは、三分《さんぶ》を減《げん》じて人《ひと》の嗜《たしな》むに譲《ゆず》る。これはこれ世《よ》を渉《わた》る一《いち》の極安楽《ごくあんらく》の法《ほう》なり。

径路窄処、留一歩与人行、滋味濃的、減三分譲人嗜。此是渉世一極安楽法。

『菜根譚《さいこんたん》』前集

訳

「狭い小道を行くときは、一歩さがって人に道を譲ってやる。おいしい物を食べるときは、三分を割いて人にも食べさせてやる。こんな気持ちで人に接することが、もっとも安全な世渡りの極意にほかならない」

『菜根譚』

何事も「おれが、おれが」としゃしゃり出たり、独り占めしようとしたりすれば、必ず周りの反発を買う。そのあげく人の怨みまで買うことも珍しくない。これまた、いかにも『菜根譚』らしいアドバイスではないか。

守屋's eye

与えること、譲ること、この二つを心がけてみよう。周りとの関係が円満になるばかりでなく、自分の心まで豊かにすることができるかもしれない。

第3章　自分を磨く

自分がもつ可能性を信じ、より高みを目指す――。
偉人たちは自己研鑽の大切さを、力強く説いてきた。
どんな言葉で、人々を奮い立たせてきたのだろうか。

ベンガルトラ

自分から見限るな

科学者の名言

心の垣根を作るのは、相手ではなく自分である。

古代ギリシャの哲学者
アリストテレス
（紀元前３８４〜紀元前３２２）

アリストテレス

マケドニアで王の侍医の子として生まれる。プラトンの弟子で、アレクサンドロス大王の家庭教師も務めた。アテネにみずから開いた学園リュケイオンの廊下を歩きながら弟子たちと議論を交わしたことから「逍遥学派」と呼ばれる。多岐にわたる自然研究の業績から、「万学の祖」と称される。

藤嶋's eye

アリストテレスが「知を愛することが人間の本性である」と論じたことからフィロ（愛する）とソフィア（知）を合わせて「フィロソフィア」という言葉ができ、日本語では哲学と訳されています。

彼の名言からは、初めの少しの印象で相手のことをきめつけてしまうことが多いものだと感じてしまいます。広い心をもちたいものです。

中国古典の名言

力《ちから》足《た》らざる者《もの》は、中道《ちゅうどう》にして廃《はい》す。今《いま》、女《なんじ》は画《かぎ》れり。

力不足者、中道而廃。今女画。

『論語《ろんご》』雍也《ようや》篇

訳

「ほんとうに力が足りなかったら、途中まで行って落後するはずではないか。とにかくやってみることだ。お前は初めから見切りをつけている」

『論語』

孔子は学問の基礎ができた30代の頃から、弟子をとって教育にあたった。声望が高まるにつれて弟子の数もふえていき、その数３０００人にのぼったという。孔子塾は、一言でいえば、君子育成塾といったようなものであった。

弟子のひとりに冉求《ぜんきゅう》という人物がいた。政治の実務に長《た》けていたが、控え目な人柄であったらしい。あるとき、「先生の教えはありがたくうけたまわっているのですが、私には力がないせいか、ついていけそうにありません」と訴えたところ、孔子の答えたのがこのことばである。

守屋's eye

自分のなかに閉じこもっていたのでは、何事も始まらない。これぞと思ったことは、なんでもいいからやってみることだ。そこから新しい展望が開けるかもしれない。

謙虚であれ

科学者の名言

人は賢明になればなるほど、
ますます腰を低くして
他人から学ぼうとする。

イギリスの哲学者、科学者、カトリック司祭
ロジャー・ベーコン（1214～1294）

イヌ

ロジャー・ベーコン

オックスフォード大学で学び、教授となる。当時世界の最先端であったアラビア科学と哲学に親しみ、何よりも「実験」の重要性を説いたことから、近代科学の先駆者とされる。彼の『大著作』には、数学、光学、化学に関する記述が含まれ、宇宙の規模についてまで言及されている。さらに驚くべきことに、後世において顕微鏡・望遠鏡・飛行機や蒸気船が発明されることまで予想している。

藤嶋's eye

古代ギリシャの偉人たちの活躍後から、イタリアの巨匠ダ・ヴィンチにみるルネサンスまでの約1500年間、科学は空白期間となっており、何が起こっていたのでしょうか。伊東俊太郎著『近代科学の源流』（中公文庫）によれば、アラビアを中心に天才たちが活躍しており、ベーコンもこの辺のことをよく知っていたようです。

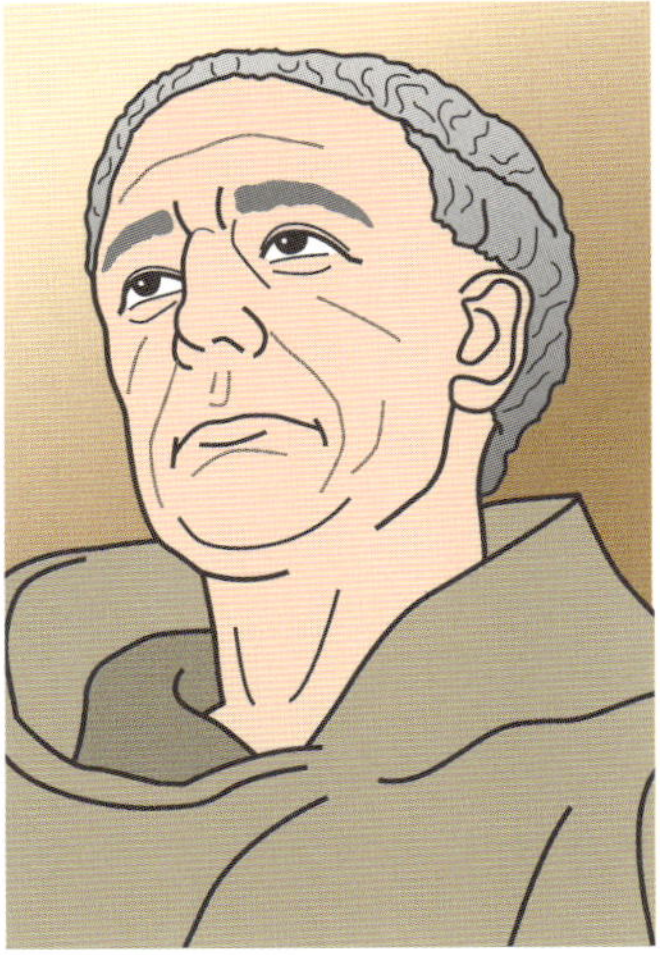

中国古典の名言

人生《じんせい》の大病《たいびょう》は只《た》だこれ一《いち》の傲《ごう》の字《じ》なり。謙《けん》は衆善《しゅうぜん》の基《もと》にして、傲《ごう》は衆悪《しゅうあく》の魁《さきがけ》なり。

人生大病只是一傲字。
謙者衆善之基、傲者衆悪之魁。
『伝習録《でんしゅうろく》』下巻

訳

「人生における最大の病根は、傲の一字である。謙虚はあらゆる善の基礎であり、傲慢はもろもろの悪の始まりである」

『伝習録』

『伝習録』は、陽明学を唱えた王陽明（１４７２～１５２８）の語録である。上中下の３巻から成っており、陽明学の入門書として広く読まれてきた。

陽明学は、「居敬窮理《きょけいきゅうり》」を主張した朱子学を批判し、我が心こそ「理」であるとして「心即理」、「知行合一《ちこうごういつ》」を唱えた。実践重視の思想として知られている。武士道と共鳴し合うのか、日本でも多くの支持者をかちとってきた。この古典からも、陽明学ならではの熱気のようなものが伝わってくる。

守屋's eye

陽明学の始祖・王陽明が弟子たちを戒めたことばである。

「傲」とは、おごりである。これがなぜまずいのか。

第一に、周りの反発を買う。

第二に、自分の進歩を止めてしまう。

この二つが大きいのである。

王陽明

人知れず功徳を積む

科学者の名言

隠れた高潔な行いは、最も尊敬されるべき行為である。

フランスの数学者、物理学者、哲学者、思想家　ブレーズ・パスカル（1623〜1662）

ワピチ

ブレーズ・パスカル

父親から家庭で英才教育を受けた。パリの自宅は一流の学者たちの集うサロンとなった。「パスカルの定理」「パスカルの三角形」、圧力・応力の国際単位系などにその名を残す。思索メモが死後に『パンセ』として出版され、現在でも引用句として有名。また、世界最初の公共交通機関といわれる乗合馬車のシステムを考案し、パリで実際に創業、好評を博した。

藤嶋's eye

パスカルと言えば「考える葦」の言葉が有名です。

「人間は自然のうちでもっともひ弱い一本の葦に過ぎない。しかしそれは考える葦である。」

30代で亡くなっていて驚きます。「知恵は知識に優る」とのすばらしい言葉もあります。

中国古典の名言

陰徳《いんとく》はそれ猶《な》お耳鳴《みみな》りのごとし。
己独《おのれひと》りこれを知《し》るも、人知《ひとし》る者《もの》なし。

陰徳、其猶耳鳴。
己独知之、人無知者。
『北史《ほくし》』李士謙《りしけん》伝

●訳
「陰徳は耳鳴りのようなものである。自分だけが知っていて、他人にはわからないものである」

『北史』

中国の歴史は、隋《ずい》王朝が天下を統一するまでのおよそ150年間、南と北に王朝が分立した。これを南北朝時代と呼ぶ。『北史』は北朝側（魏《ぎ》・斉《せい》・周《しゅう》・隋）の正史である。唐代の史家李《り》延寿《えんじゅ》の著で、100巻から成っている。

李士謙は北朝側の人物であるが、出仕した期間はごくわずかで、ほとんどの生涯を在野の素封家として貧民の救済に努め、多くの人からその死を悼まれたという。

守屋's eye

陰徳は自分だけが知っている善行。他人に知られたら、もはや陰徳とはいえないのだという。できれば、そんな陰徳を一つぐらいは心がけて、我が人生に悔いなしといきたい。

チンパンジー

結果には理由がある

科学者の名言

燃焼とは、物質と酸素が結合することである。

フランスの悲劇の化学者
アントワーヌ・ラヴォアジェ（1743〜1794）

アントワーヌ・ラヴォアジェ

裕福な家庭に生まれたが、実験器具を買うために徴税請負人の仕事をしながら精密な化学反応の定量実験を行い、質量保存の法則を発見。フロギストン（熱素）説を否定して、近代化学の成立に大きく貢献した。酸素（oxygen）や水素（hydrogen）の命名者。フランス革命勃発後に徴税請負人として処刑され、「彼の頭を切り落とすのは一瞬だが、彼と同じ頭脳をもつ者が現れるには100年かかるだろう」とその才能が惜しまれた。

藤嶋's eye

貴族で、各種役職をこなしながらも、一番の楽しみは週1日の化学実験だったとのことです。

化学の分野では、教科書にのっている基本的な考えを提案した人です。

中国古典の名言

禍福《かふく》は門《もん》なし。唯《た》だ人《ひと》の召《まね》く所《ところ》なり。

禍福無門。唯人所召。
『左伝《さでん》』襄公《じょうこう》二十三年

●訳
「幸不幸はきまった門があって入ってくるわけではない。みな人間が招き寄せるのである」

『左伝』

『左伝』は『春秋左氏伝』の略称。『春秋』とは、春秋時代に存在した魯《ろ》の国の年代記。最終的に孔子が手を入れたといわれる。ただし、記述があまりにも簡潔に過ぎるところから、後に左《さ》丘《きゅう》明《めい》なる人物が注のかたちで興味深い逸話のたぐいをふんだんに補った。これが『春秋左氏伝』、つまり『左伝』である。日本でも、面白い歴史読み物として広く親しまれてきた。

守屋's eye

人はだれでも不幸に見舞われることがある。そんなとき、冷静に振り返ってみると、自分にも多かれ少なかれ原因があることに気づくのではないか。気づいたら反省を加え、おもむろに巻き返しをはかろう。

不幸の原因を人のせいにばかりしていたのでは、いつまでたっても浮かばれない。

左丘明

自分を磨く

科学者の名言

みずから光輝くロウソクは、どんな宝石よりも美しい。

イギリスの化学者、物理学者　マイケル・ファラデー（1791〜1867）

トラ

マイケル・ファラデー

奉公先の製本屋で多数の本を読み、電気化学に興味をもつ。著名な化学者ハンフリー・デービー教授の実験助手に22歳でなり、その後、王立研究所で生涯研究を続けた。電磁気学、電気化学の分野で数々の業績を残す。1831年にみずから作った電磁石を用い、電磁誘導の法則を発見。王立研究所に少年少女を招いて行った1861年のクリスマスレクチャーは、『ロウソクの科学』として今日まで世界中で読み継がれている。

藤嶋's eye

王立研究所の屋根裏に住み、ほとんど一人で実験を行い、数々の発見をしました。残されていた実験ノートは1冊500ページの本で全7巻として残されています。私もロンドンで買うことができ、宝物にしています。

名誉あるポストにつくことも辞退するなど、人柄も謙虚だったそう。伝記は何回も読んでいます。

中国古典の名言

女《なんじ》、君子《くんし》の儒《じゅ》となれ、小人《しょうじん》の儒《じゅ》となるなかれ。

女為君子儒、無為小人儒。
『論語《ろんご》』雍也《ようや》篇

訳
「学ぶことの目的は、自分を磨いて世のために尽くすことにある。世間の評判ばかり気にするような人間にはなってほしくない」

『論語』

孔子が「こうありたい」と自分を磨く目標としたのが「君子」である。自分だけではなく、弟子たちにもまたそれを望んだ。「君子」とは、一言でいえば、徳のある人物を指している。徳にもいろいろあるが、孔子がとりわけ重視したのは、「仁」（心の温かさ）、「智」（洞察力）、「勇」（決断力）、「信」（ウソをつかない）といった徳である。これらの徳を身につけて、社会有為の人物になってほしいと、弟子たちを励ましたのである。

守屋's eye

しっかりと自分を磨いて、世のため人のためになるような、そんな人間になってほしいのだという。こうあってこそ、生まれてきた甲斐があるといえるのではないか。

素質に磨きをかける

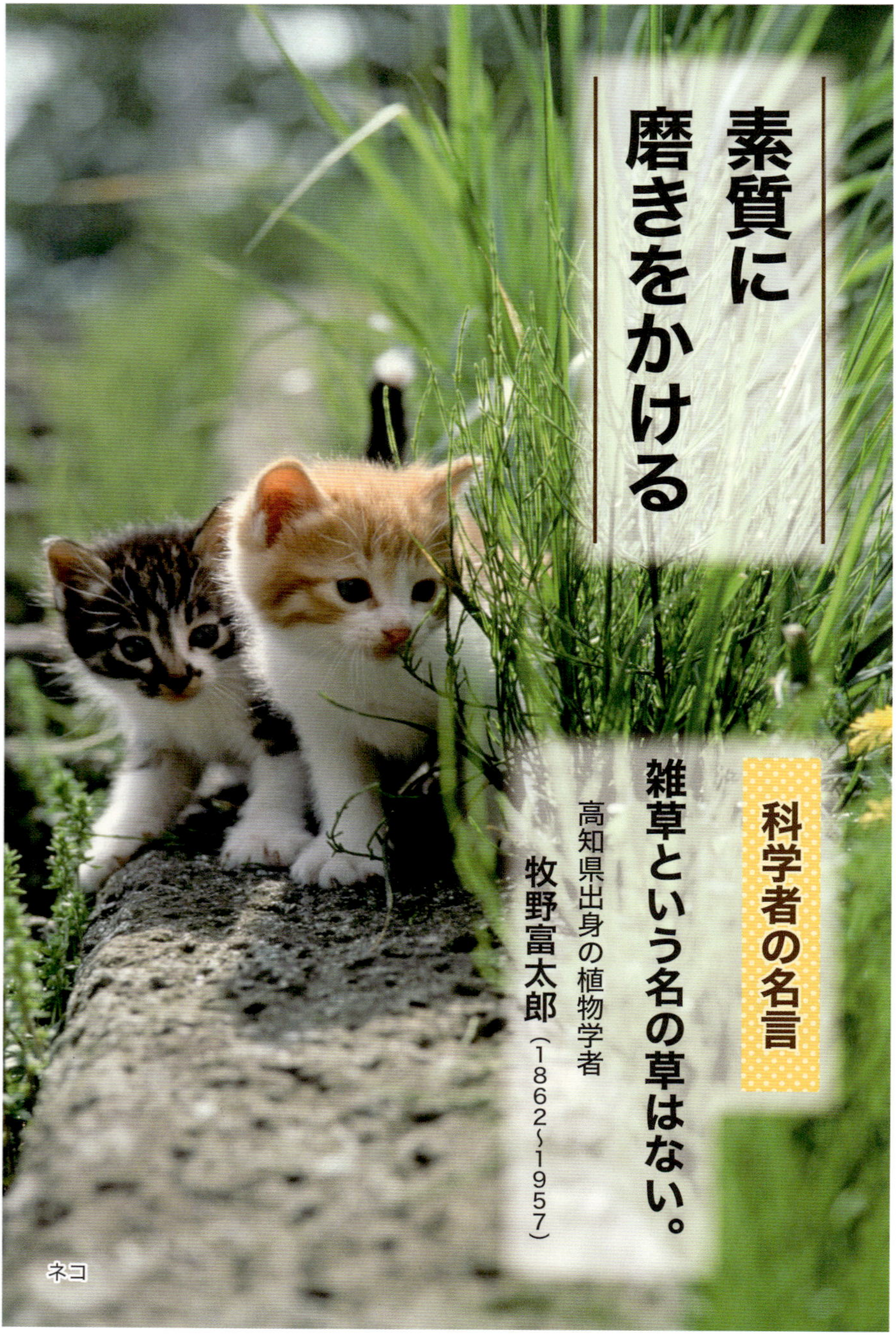

科学者の名言

雑草という名の草はない。

高知県出身の植物学者
牧野富太郎（1862〜1957）

ネコ

牧野富太郎

10歳から寺子屋、塾で学び、植物採集を始める。小学校は中退し、独学で欧米の植物学を学ぶ。東京帝国大学植物学教室に出入りするようになり、後に講師となる。みずから雑誌を創刊し、『牧野日本植物図鑑』を刊行。図鑑は時代を越えて読み継がれ、「日本の植物学の父」といわれる。多数の新種を発見し命名した。採集した標本は60万点に及ぶ。第1回文化功労者。生まれた日（4月24日）は「植物学の日」となっている。

藤嶋's eye

早朝6時半から公園でラジオ体操をする前に30分ほど多摩川沿いを散歩するのが私の日課ですが、道沿いにあるいろいろな草花を楽しんでいます。

草花の名前を10個おぼえておけば道を歩くのも楽しくなるよ、とは小学校での出前授業の時に言っていることです。

中国古典の名言

天爵《てんしゃく》なるものあり、人爵《じんしゃく》なるものあり。

有天爵者、有人爵者。
『孟子《もうし》』告子《こくし》篇

訳
「爵位には天から授かった天爵と、人から与えられた人爵がある」

『孟子』

孟子（名は軻《か》、紀元前372〜紀元前289）という思想家は、人間は誰でも立派な素質をもって生まれてくるのだとして性善説を唱えた。「天爵」（天から授かった爵位）とはそれをいうのである。もう少し具体的にいうと、仁、義、忠、信など、その人が生まれつき身につけている徳を指している。これに対し、「人爵」とは、人から与えられた高い地位である。

こう語ったあとで、孟子は「いまの人は人爵ばかり追い求めて、天爵を磨くことを怠っている」と嘆いている。

守屋's eye

高い地位につこうがつくまいが、何よりもまず、天から授かった素質に磨きをかけていく。これが人間に課せられている課題なのだという。

孟子

第4章

希望をもって前向きに

迷ったとき、壁にぶつかったとき、つらく逃げ出したいとき、
読んで欲しい偉人たちの言葉がある。
苦境の連続を乗り越えた彼らのメッセージに、
きっと背中を押してもらえるだろう。

エゾシマリス

心を燃やせ

科学者の名言

青年は教えられることよりも、刺激されることを欲す。

ドイツの詩人、劇作家、小説家、哲学者、自然科学者、政治家、法律家

ヨハン・ヴォルフガング・ゲーテ

（1749〜1832）

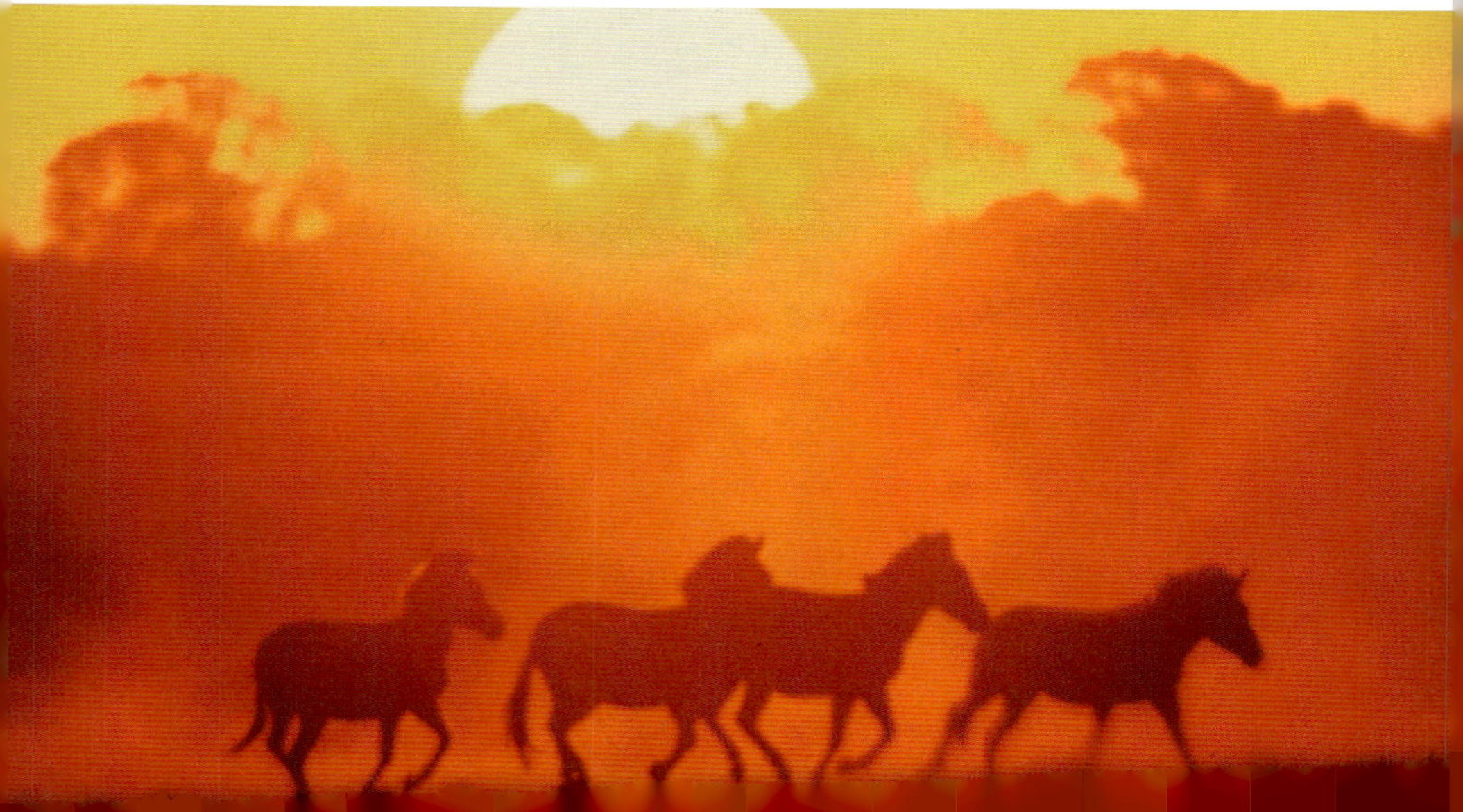

ヨハン・ヴォルフガング・ゲーテ

ライプツィヒ大学などで法学を学び、詩作や自然科学にも興味をもつ。恋多き生涯のなかで、小説『若きウェルテルの悩み』、詩劇『ファウスト』など多くの作品を残し、ドイツを代表する文豪となる。自然科学研究では、「形態学」を提唱し、地質学、気象学、光学の研究にも力を注いだ。晩年の『色彩論』は20年をかけた大著。

藤嶋's eye

どの人も向上心をもっていますが、若いときに周囲の人や目上の人からほめられると、一層頑張るのではないでしょうか。若い人の良いところを見つけて、ほめてあげたいですね。

「自分一人で石を持ち上げる気がなかったら、二人でも持ち上がらない」などの名言もあります。

中国古典の名言

数頃《すうけい》の源《みなもと》なきの塘水《とうすい》とならんよりは、数尺《すうしゃく》の源《みなもと》あるの井水《せいすい》の生意《せいい》窮《きわ》まらざるものとならんには若《し》かず。

与其為数頃無源之塘水、不若為数尺有源之井水生意不窮。

『伝習録《でんしゅうろく》』上巻

●訳

「数町歩の水源のない池の水となるよりも、わずか数尺にすぎなくても、こんこんと湧き出て尽きない井戸の水になったほうがましである」

『伝習録』

王陽明の唱えた陽明学は、別名「心学」とも呼ばれた。心の働きを重視し、心の躍動を訴えたからである。自分を磨くにしても、世のため人のために尽くすにしても、すべてはみずからの心に点火することから始まるのだという。このことばはそれを水のあり方にたとえて弟子たちを励ましているのである。『伝習録』は陽明学の入門書として多くの人に読まれてきた（91ページ）。

守屋's eye

たしかに心が死んでいたのでは、何事も始まらない。心は常に生き生きとさせておきたいものだ。

あきらめるな

科学者の名言

決して降参するな。

ドイツの細菌学者、医者
ロベルト・コッホ（1843～1910）

ヒョウ

ロベルト・コッホ

ゲッティンゲン大学の医学校を卒業し、開業。28歳の誕生日に妻から顕微鏡をプレゼントされ、本格的に病原菌研究を始めた。細菌培養法の基礎を確立し、炭疽《たんそ》菌、結核菌、コレラ菌を発見。1905年、ノーベル生理学・医学賞受賞。ベルリン大学で教鞭をとり、日本の北里柴三郎を始め多くの優秀な弟子達を輩出した。

藤嶋's eye

研究テーマでも、世の中で注目されている分野を追いかける人も多いのですが、自分の得意な分野や材料にこだわって長い期間にわたって続けることが重要だと思っています。私も酸化チタンの光触媒やダイヤモンド電極を中心に、これからも研究を続けていければと思っています。

中国古典の名言

為《な》すことある者《もの》は、辟《たと》えば井《い》を掘《ほ》るが若《ごと》し。井《い》を掘《ほ》ること九軔《きゅうじん》、而《しか》も泉《いずみ》に及《およ》ばざれば、猶《な》お井《い》を棄《す》つとなすなり。

有為者、辟若掘井。掘井九軔、而不及泉、猶為棄井也。

『孟子《もうし》』尽心《じんしん》篇

訳

「なにごとかを成し遂げようとするのは、井戸を掘るのと同じようなものだ。どんなに深く掘り下げても、水脈に達しないうちにやめてしまったのでは、井戸を捨てたも同然である」

『孟子』

孟子は孔子の教えを受け継いで発展させて性善説を唱え、「仁」と「義」にもとづく王道政治を主張し、その実現のために奔走した思想家。この人の言説をまとめたのが『孟子』7篇である。全篇を通して理想の実現に一生を懸けた男の熱情のようなものが伝わってくる。儒教の原典として読み継がれてきた。

守屋's eye

なんでもいいから、自分なりの目標を立て、10年、20年と根気よく続ければ、その世界で何者かになることができるであろう。要は投げ出さないで続けることである。仮に目標を達成できなかったとしても、それなりに充実した人生にすることができるかもしれない。

ラッコ

熟慮と断行

科学者の名言

飛行機は
きっと空を飛ぶと信じて。

アメリカの発明家、パイロット
ウィルバー・ライト（1867〜1912）
オーヴィル・ライト（1871〜1948）

ミナミオオセグロカモメ

ウィルバー・ライト
オーヴィル・ライト

オハイオ州デイトン市内の自転車屋で飛行機の開発を続け、1903年、ついにノースカロライナ州キティホークの砂丘において、「ライトフライヤー号」で世界初の有人動力飛行に成功した。「機械が飛ぶことは科学的に不可能」とさえいわれていた時代に、兄弟が力をあわせて成し遂げた偉業であった。

藤嶋's eye

1903年12月17日、12馬力のエンジンをのせ、12秒間だけ36・5m飛ぶことができた。人間が最初に空を飛ぶことができた瞬間ですね。

しかしいまでは、何百トンもの大きなジャンボジェット機が世界中を飛んでいます。強力なジェットエンジンと、上側がわん曲し下側が直線的な主翼の構造が要であるといいます。

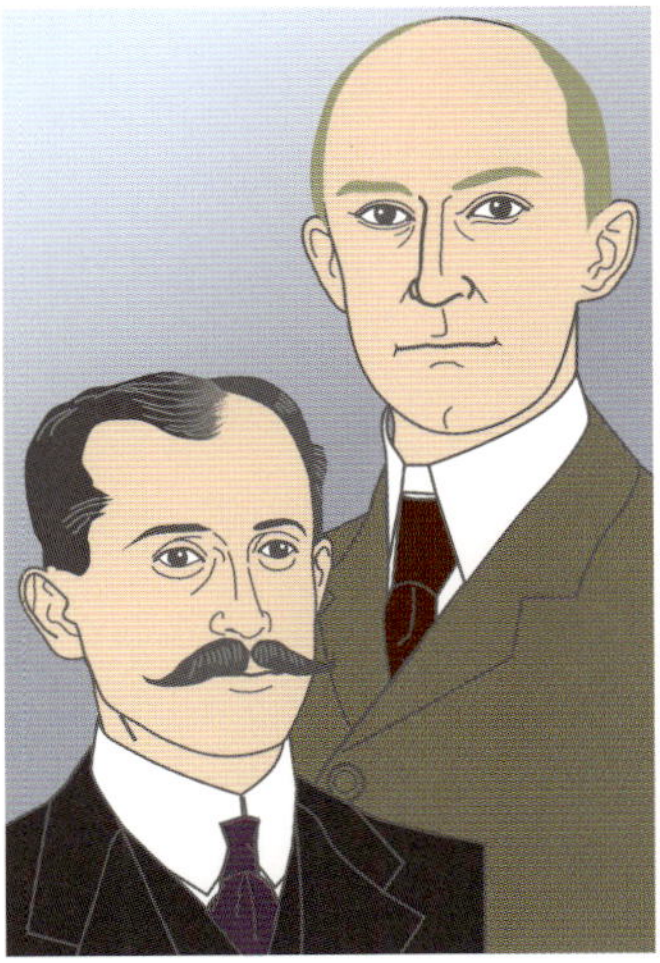

右がウィルバー・ライト
左がオーヴィル・ライト

中国古典の名言

慮《おもんぱか》らずんば胡《なん》ぞ獲《え》ん。為《な》さずんば胡《なん》ぞ成《な》らん。

弗慮胡獲。弗為胡成。

『書経《しょきょう》』太甲《たいこう》下篇

訳

「思慮深くなければ成果をあげることはできない。断固実行しなければやり遂げることはできない」

『書経』

『書経』も儒教の原典。全部で58篇。古代の名君や名補佐役の言行が記録されている。名君の一人が殷《いん》王朝を興した湯《とう》王（143ページ）、湯王を助けたのが名補佐役の伊尹《いいん》で、この二人が力を合わせて殷王朝の基礎を固めたのだという。やがて湯王が亡くなり、二代目三代目の息子たちも若死にし、四代目に据えられたのが嫡孫の太甲《たいこう》なる人物。ところが、はじめこの人はまるでやる気がなく、政治には見向きもしなかったという。

ここに取り上げたことばは、伊尹が太甲をいさめたという諫言《かんげん》のなかに出てくるのである。

守屋's eye

後段はまさしく「なせばなる」の精神である。日本ではこれだけが一面的に強調されてきた嫌いがあるけれども、このことばのミソは、それと同じウェイトで熟慮が重視されている点である。

つまり熟慮と断行はワンセットであって、これが成功をかちとる前提なのだという。

伊尹

視野を広げる

科学者の名言

障子をあけてみよ
外は広いぞ。

静岡県生まれの発明家、実業家
豊田佐吉（1867〜1930）

マサイキリン

豊田佐吉

父の後を継いで大工の修業をするが、「発明で社会の役に立つ」との志を立て、織機の改良を始め、研究・工夫に熱中する。やがて日本初の動力織機や自動織機などを完成させると、性能のよい織機は欧米でも評価を受けた。その後、会社を設立し、現在までに日本を代表するグループ企業となる礎を築いた。

藤嶋's eye

私は戦中に東京で生まれましたが、元々の出身地は愛知県で、いまも本籍を豊田市に置いています。盛岡村、足助町、豊田市と名称は変わってきましたが、62年前にいまの豊田市立佐切小学校を同級生15人とともに卒業しました。いまも年1回は90歳を超えられた担任だった神谷勘一先生をクラスメートとともに訪ねて小学校時代のことを話しています。ふる里は良いものです。

中国古典の名言

濡濡《じゅじゅ》なる者《もの》は豕《ぶた》の蝨《しらみ》これなり。疏鬣《そりょう》を択《えら》び、自《みずか》ら以《も》って広宮大囿《こうきゅうたいゆう》となす。

濡濡者豕蝨是也。
択疏鬣自以為広宮大囿。
『荘子《そうし》』徐無鬼《じょむき》篇

訳

「『濡濡』と呼ぶべき人物がいる。豚にたかる蝨のような輩《やから》である。毛のまばらな首のあたりに住みついて、あたかも大邸宅に住んでいるかのように太平楽を決めこんでいる」

『荘子』

『荘子』は『老子』と同じ「道家」に属しているのだが、説いている内容はずいぶん趣《おもむき》を異にする。『老子』は「道」に則《のっと》ったしぶとい処世の知恵に説き及んでいく。これに対し『荘子』は、「道」という広大無辺な存在から見ると、人間の営みはすべて小さいとして、何ものにもとらわれない達観の思想を説いているのである。そこに『荘子』という古典の魅力があるといってよい。

ここに取り上げた話もその延長線上にある。

守屋's eye

狭い世界に安住していると、どうしても視野が狭くなる。世界は広いのである。ときには窓を開け放って、広い世界に思いを馳せてみよう。

思索を怠るな

科学者の名言

自ら考え行動できる
人間をつくること、
それが教育の目的といえよう。

ドイツ生まれのユダヤ人の理論物理学者
アルベルト・アインシュタイン
（1879～1955）

ナンキョクオットセイ

アルベルト・アインシュタイン

学校にはなじめなかったが、9歳でピタゴラスの定理、12歳でユークリッド幾何学に出会う。スイスのチューリッヒ連邦工科大学を卒業し、ベルンの特許局に就職。1905年、特殊相対性理論、光量子仮説などの重要な三つの論文を、さらに1915年には一般相対性理論を発表。1921年、光電効果の理論的解明によりノーベル物理学賞を受賞。アメリカに亡命し、プリンストン高等研究所で統一場理論の研究を続けた。戦後は積極的に平和活動を行い、親日家としても知られた。

藤嶋's eye

アインシュタインの相対性理論のおかげでGPSの精度があがっているし、$E=mc^2$という基本式も導かれています。この式は太陽エネルギーや、原子爆弾の基本式でもあります。広島や長崎に原子爆弾がおとされたときのアインシュタインのショックはいかばかりだったのでしょうか。

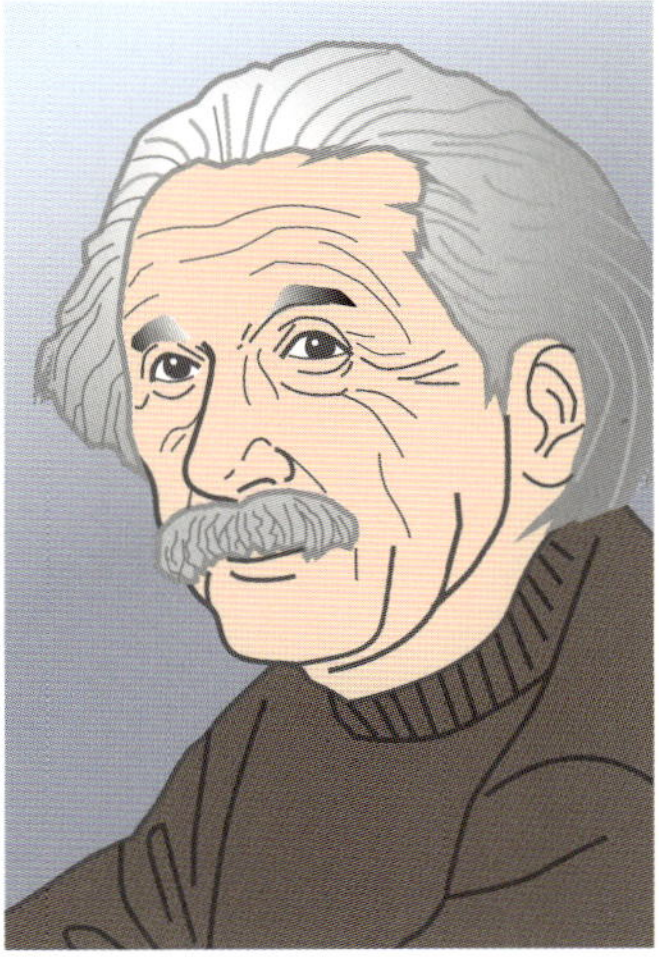

中国古典の名言

博《ひろ》くこれを学《まな》び、審《つまび》らかにこれを問《と》い、慎《つつし》みてこれを思《おも》い、明《あき》らかにこれを弁《べん》じ、篤《あつ》くこれを行《おこ》なう。

博学之、審問之、慎思之、明弁之、篤行之。

『中庸《ちゅうよう》』二十章

●**訳**

「広く先人の知恵に学び、理解できないところは先達にたずねて明らかにし、自分で繰り返し思索を重ねたうえで、善悪の弁別を加える。これらの段階を踏んだうえで、初めて実行に移すのである」

『中庸』

『中庸』は、『大学』とともに儒学の原典とされてきた。「中」とは偏りのないこと、「庸」とは永久不変のこと。天下の変わることのない正しい道理をまとめた書という意味である。『大学』が初心者向けの入門書だとすれば、『中庸』は中級者向けといったところである。

守屋's eye

学びの姿勢について語っているのである。

こういう学び方ができれば、「みずから考え行動できる人間」に近づくことができるかもしれない。

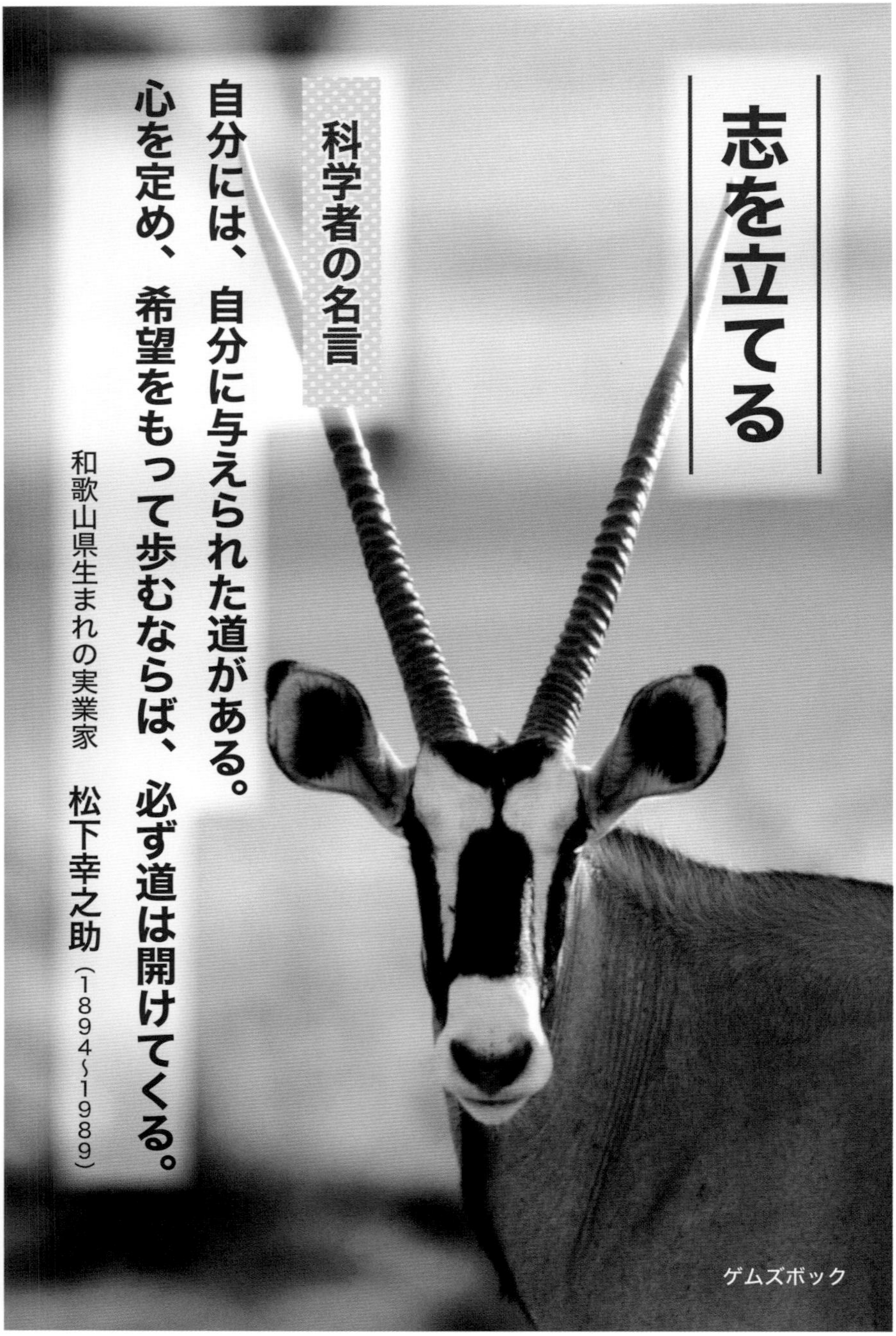

志を立てる

科学者の名言

自分には、自分に与えられた道がある。心を定め、希望をもって歩むならば、必ず道は開けてくる。

和歌山県生まれの実業家　松下幸之助（1894〜1989）

ゲムズボック

松下幸之助

尋常小学校を4年で中退し、火鉢店、自転車屋での丁稚奉公を経て、15歳で大阪電燈（現・関西電力）に入社。その後、電球ソケットの製造販売に着手して会社を創業。松下電器産業株式会社（現・パナソニック）を一代で築き上げ、「経営の神様」と称される。ＰＨＰ研究所、松下政経塾を設立。科学技術分野の国際的な賞として日本政府が「日本国際賞」を創設するにあたっては、「畢生《ひっせい》の志」による寄付によって応えた。

藤嶋's eye

現在のパナソニックの社長室にも松下氏の「素直な心はあなたを強く正しく聡明にします」との書がかかげられているそうです。

もちろん私は毎月『ＰＨＰ』誌を読んでいろいろと教えられています。第20回の日本国際賞を私も本多健一先生とともにいただくことができました。

中国古典の名言

志《こころざし》立《た》たざるは、舵《かじ》なきの舟《ふね》、銜《くつわ》なきの馬《うま》の如《ごと》し。漂蕩奔逸《ひょうとうほんいつ》して、終《つい》にまた何《なん》の底《いた》る所《ところ》ぞや。

志不立、如無舵之舟、無銜之馬。
漂蕩奔逸、終亦何所底乎。
『王文成公全書《おうぶんせいこうぜんしょ》』巻二十六

●訳

「志が立っていないのは、舵のない舟や銜《くつわ》のない馬のようなもの。波のまにまに漂《ただよ》ったり、勝手に走り出したりして、どこへ行き着くかわからない」

『王文成公全書』

『王文成公全書』は、陽明学を唱えた王陽明の詩文や関連の文書を集めた全集で、全38巻から成っている。そのなかに「教条《きょうじょう》、竜場《りゅうじょう》の諸生に示す」という一文が収録されている。これは弟子たちに与えた生徒心得のようなものであるが、そのなかでまっ先に示されているのが「立志（志を立てる）」という項目である。

ここに取り上げたことばは、それを説明したものである。

守屋's eye

志を立てるとは、自分なりの目標を設定することである。これがないと、せっかくの人生も酔生夢死《すいせいむし》に終わってしまうかもしれない。

ゲムズボック

心を広くもつ

科学者の名言

悲しみも、喜びも、
感動も、落胆も、
つねに素直に味わうことが
大事だ。

静岡県生まれの実業家、技術者
本田宗一郎（1906〜1991）

エレガントワラビー

本田宗一郎

高等小学校卒業後、東京・湯島の自動車修理工場に入社。６年後、浜松市に支店を設立し、東海精機重工業（現・東海精機）に社名を変更して独立した。その後は社長を経て、本田技研工業（ホンダ）を設立、二輪車の研究を始める。後にホンダの副社長となる藤沢武夫と出会い、F１レースへの出場や鈴鹿サーキットの建設などに象徴される大胆な計画によって、ホンダを世界的な自動車メーカーに育て上げた。

藤嶋's eye

オートバイの製造のきっかけは、奥さんが買い出しに使う自転車にエンジンをつけて苦労を少なくしてやれないかと考えついたとのこと。本格的なオートバイであるドリーム号の成功や、スーパーカブの大量生産などが有名ですね。

本田財団はいまもすばらしい役割を果たしていて、私も講演会などに参加させてもらっています。

中国古典の名言

子《こ》生《う》まれて母危《ははあや》うく、鏹積《きょうつ》んで盗窺《とうかが》う。何《なん》の喜《よろこ》びか憂《うれ》いに非《あら》ざらん。貧《ひん》は以《も》って用《よう》を節《せつ》すべく、病《やまい》は以《も》って身《み》を保《たも》つべし。何《なん》の憂《うれ》いか喜《よろこ》びに非《あら》ざらん。故《ゆえ》に達人《たつじん》は、まさに順逆一視《じゅんぎゃくいっし》して、欣戚両《きんせきふた》つながら忘《わす》るべし。

子生而母危、鏹積而盗窺。何喜非憂也。貧可以節用、病可以保身。何憂非喜也。故達人当順逆一視、而欣戚両忘。

『菜根譚《さいこんたん》』後集

訳

「子どもが生まれるとき、母親の生命は危険にさらされる。カネを貯めこめば、それだけ泥棒にねらわれる。どんな幸せも不幸のタネにならないものはない。貧乏だと極力ムダ遣いを避けるし、病気がちだとふだんから健康に気をつける。どんな不幸も幸せのきっかけにならないものはない。幸せも不幸も同じことだとみなし、喜びも悲しみも忘れてしまうのが達人の生き方だ」

『菜根譚』

『菜根譚』は、儒教と道教と仏教の三つの教えの上に立って処世の極意を説いた古典だと述べた（27ページ）。道教は、中国古来の民間信仰のなかに「道家《どうか》」の教え、すなわち老荘思想を取り入れて成立した宗教である。だから、『菜根譚』のなかには荘子流の達観の思想が色濃く滲《にじ》み出ている。

このことばなどもその一つである。

守屋's eye

喜びも悲しみもさらりと受け流す、そんな心のゆとりがほしいのだという。

それにしても「順逆一視」ということばがいいではないか。たしかにこれができれば、人生の達人といっていいかもしれない。

第5章　努力こそ大切

ただ漫然と過ごしていては、
日々あっという間に過ぎてしまう。
偉人たちが大きな事を成し遂げたのは、
努力の積み重ねがあってこそ。
その姿勢や彼らの言葉を、胸に刻んで欲しい。

イヌ

日々に新たに

科学者の名言

一日一日を大切にしなさい。
毎日のわずかな差が、
人生にとって
大きな差となって現れるのですから。

フランスの哲学者、自然学者、数学者
ルネ・デカルト（1596～1650）

ガラパゴスアシカ

ルネ・デカルト

大学で法学・医学を修め、オランダ、ドイツなどを遍歴後、哲学に取り組む。彼の機械論的世界観は、その後の科学技術の発達、現代社会のあり方に大きな影響を与えている。ニュートンもデカルトの『哲学の原理』を熱心に読んでいたことがわかっている。平面座標、アルファベットによる数式の表記法など、数学への功績も大きい。雪の結晶を観察し、初めて六方対称のスケッチを残した。

藤嶋's eye

静かによい本を味わいながら読みたいものです。デカルトの言葉。

「すべてよき書物を読むことは、過去のもっともすぐれた人々と会話をかわすようなものである。」

ではどのような本を読めばよいのでしょうか。たとえば城山三郎、平岩外四著『人生に二度読む本』（講談社）があります。

中国古典の名言

湯《とう》の盤《ばん》の銘《めい》に曰《いわ》く、苟《まこと》に日《ひ》に新《あら》たに、日日《ひび》に新《あら》たに、又日《またひ》に新《あら》たなり。

湯之盤銘曰、苟日新、
日日新、又日新。
『大学《だいがく》』伝二章

訳

「殷《いん》王朝を創始した湯《とう》王は、洗面の器に『苟日新、日日新、又日新』の九文字を刻みつけ、日々覚悟を新たにして政治に取り組んだ」

『大学』

『大学』は儒学（儒教）の原典の一つ。学問の目的を修身から治国まで一貫したものとして意味づけている。字数は全文で1750字余と、いたって短い。日本でも、かつて藩校などで初学者がまっ先に教わったのがこれである。

湯王は殷王朝の創始者。名君だとされている。ここに出てくるのは、学問にしても仕事にしても、この人の覚悟に学べということであったに違いない。

守屋's eye

どんな立場の人であろうと、毎日の勉強や仕事というのは、同じことの繰り返しが多く、ついマンネリになってしまう。そうなると、何も身につかない。「日々に新たに」の覚悟で取り組めば、仕事だけではなく、自分を磨くうえでも大きな成果が期待できるのではないか。

湯王

地道な努力があってこそ

科学者の名言

今日なしうることだけに全力をそそげ、そうすれば明日は一段の進歩を見るだろう。

イギリスの物理学者、数学者、天文学者
アイザック・ニュートン
（1642〜1727）

オランウータン

アイザック・ニュートン

ケンブリッジ大学で学び、後に20代で教授となる。大学卒業のすぐあとペストが流行し、大学が閉鎖された約2年間は故郷に戻り、そこで主要な業績となる微分積分学、光学、万有引力の法則などの研究を行った。後年は造幣局長官や国会議員、王立協会会長も務めた。主著は『自然哲学の数学的諸原理（プリンキピア）』。古典力学を確立した近代自然科学の祖。

藤嶋's eye

生家の2階の窓には丸い穴があいており、そこから入る太陽光をプリズムで分けたことがニュートンが描いた実験図で説明されているそうです。生家は今も500年前と同じところに残っていて、東京理科大学OBの井手義道さんがみずからとった写真を見せて説明してくださいました。

中国古典の名言

合抱《ごうほう》の木《き》も毫末《ごうまつ》より生《しょう》じ、百仭《ひゃくじん》の高《たか》きも足下《そっか》より始《はじ》まる。

合抱之木生于毫末、
百仭之高始于足下。
『老子《ろうし》』六十四章

●訳
「一抱《ひとかか》えほどの大木も、もとはといえば、小さな苗木から生長する。百仭もの高さに積み上げるのも、足もとの一歩から始まるのだ」

『老子』

『老子』という古典は、すでに述べたように、万物の根源に「道」なる存在があるとして、そこから論を進めていくのだが、説き及ぶところ、人生のさまざまな分野に及んでいく。

たとえば、世界の根本原理を追求している点では哲学の本、政治を批判しその理想を語っている点では政治学の本、しぶとい生き方を説いている点では処世指南の本といってよい。また、したたかな駆け引きを披露している点では策略の本、「弱が強に勝つ」戦略に言及している点では兵法の本といってもよい。

ここで取り上げたのは、仕事に取り組む心得である。

守屋's eye

こつこつと積み上げていく持続的な努力の大切さを語ったことば。どんなに見た目が華やかなものでも、日々の地道な努力があってのことなのだという。

アライグマ

時間を惜しめ

科学者の名言

考えはしなかった。
ひたすら実験を
繰り返したのです。

ドイツの物理学者
ヴィルヘルム・レントゲン
（1845〜1923）

ヴィルヘルム・レントゲン

スイスのチューリヒ工科大学で学ぶ。ドイツのバイエルン州にあるヴュルツブルク大学において、クルックス管を使用した放電実験中に偶然、不透明体を通過する放射線を発見。後に「X線」と命名した。この功績により1901年に第1回ノーベル物理学賞を受賞。X線撮影は医療のほか、空港での手荷物検査などにも利用されている。

藤嶋's eye

不思議な現象がおこることを発見し、彼自身はX線と名づけました。いまでは発見者の名前でレントゲンとも呼ばれています。1895年11月8日に初めて蛍光紙に暗い線を発見してから、集中的に実験して12月28日に論文を完成させ、翌年1月14日にネイチャー誌へ掲載しました。医療を含め、人類への貢献ははかり知れません。

中国古典の名言

大禹《たいう》は聖人《せいじん》なれども乃《すなわ》ち寸陰《すんいん》を惜《お》しめり。衆人《しゅうじん》はまさに分陰《ふんいん》を惜《お》しむべし。

大禹聖人乃惜寸陰。
衆人当惜分陰。
『十八史略《じゅうはっしりゃく》』巻四

訳

「夏《か》王朝を興した禹《う》は聖人であったけれども、寸陰を惜しんで仕事に精励した。ましてわれら凡人は、分陰を惜しんで励まなければならない」

『十八史略』

『十八史略』は、元代の曽先之《そうせんし》という史家が初学者向けにまとめた歴史入門書。戦国時代から宋代までの通史である。このなかに陶侃《とうかん》という人物が出てくる。東晋時代の名将として王朝を支えていたのだが、実権者ににらまれて地方に左遷された。普通の人間なら、がっくりしてやる気をなくすところだが、陶侃はいっそう職務に精励し、心身を鍛えながら復帰の日に備えた。そのかれが口ぐせのように語っていたのがこのことばなのだという。

守屋's eye

人生は短い。あっという間に過ぎ去っていく。何事かを成そうとするなら、こういう覚悟で対処したい。

ちなみに「寸陰」は短い時間。「分陰」はその十分の一の時間。

陶侃

心を確立する

科学者の名言

目の前の仕事に専念せよ。
太陽光も一点に集めなければ発火しない。

イギリス生まれの発明家、科学者
アレクサンダー・グラハム・ベル
（1847〜1922）

タテゴトアザラシ

アレクサンダー・グラハム・ベル

エディンバラ大学、ロンドン大学で音声学などを学ぶ。カナダを経てアメリカに移住。ボストン大学教授となる。電話機の発明で特許を取得し、会社を設立。後にアメリカ最大手の電話会社AT&T社となる。生涯を通して科学振興、聾《ろう》者教育に尽力した。ヘレン・ケラーに家庭教師のサリバン先生を紹介したことでも知られる。単位dB（デシベル）に名を残す。

藤嶋's eye

技術の進歩の速さには驚きます。その代表例が電話を中心とする通信方式ですね。一昔前までは通常の固定電話が中心であり、公衆電話を利用するためのテレホンカードは必需品でした。しばらくして普及した携帯電話。いまではスマホ中心で、あらゆる情報がすぐ入手できます。10年後の世の中はどうなっているのでしょうか。人間の本質は少しも変わらないと思うのですが。

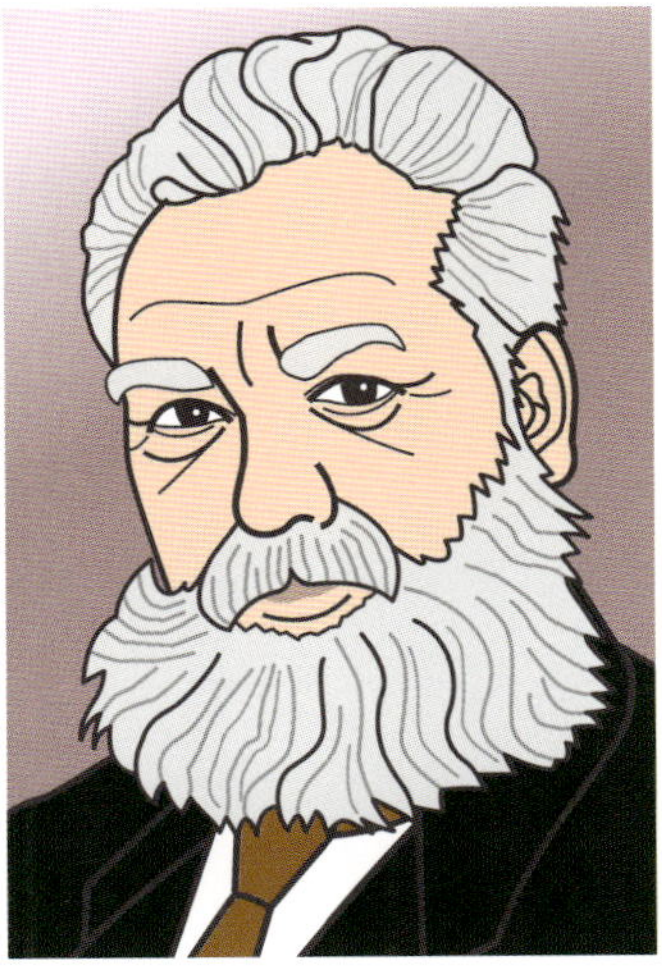

中国古典の名言

心焉《こころここ》に在《あ》らざれば、視《み》れども見《み》えず、
聴《き》けども聞《き》こえず、食《く》らえどもその味《あじ》を知《し》らず。

心不在焉、視而不見、
聴而不聞、食而不知其味。
『大学《だいがく》』伝七章

訳

「心ここにあらずの状態では、視ようとしてもなにも見えず、聴こうとしてもなにも聞こえず、ものを食べてもまるで味がわからない」

『大学』

『大学』という古典についてはすでに説明した（143ページ）。儒学の根幹である「修己治人」、すなわち格物→致知→誠意→正心→修身→斉家→治国→平天下の道筋を明らかにしたもの。このなかで正心→修身については「心正しくして后《のち》に身修まる」と語っている。修身の実をあげるためには、まず心を正さなければならないのだという。

ここに取り上げたことばは、そのあたりに念を押しているのである。

守屋's eye

心の正常なはたらきを保つためには、情欲や感情に邪魔されないように、しっかりした心を確立しておく必要があるのだという。

そうあってこそ、ものごとに取り組む集中力も生まれてくるし、成果もおのずからあがるに違いない。

もう一押しの努力

科学者の名言

天才とは、1%のひらめきと99%の努力である。

アメリカの発明家、起業家

トーマス・エジソン

(1847~1931)

ジャイアントパンダ

トーマス・エジソン

8歳で小学校に入学したが、3カ月で退学となる。以後は母親の教育を受けた。15歳のとき電信技術を習い、電信技師となる。ファラデーの電磁気学を独学で習得し、発明家の基礎を築く。自動中継器、投票記録機、万能印刷機や、炭素送話機、蓄音機、白熱電燈、活動写真など、一生を通じて1000件以上の発明・工夫を成し遂げ、「発明王」と呼ばれる。また、発電から送電まで電気の事業化に成功した。

藤嶋's eye

白熱電燈のフィラメントには、京都の竹を炭化したものがよいということで、何回も実験したそうです。

センスを磨き、ひらめきがあり、加えて努力によって新しい成果が得られることは、昔もいまも、そしてこれからも変わらないと思います。

中国古典の名言

山《やま》を為《つく》ること九仞《きゅうじん》、功《こう》を一簣《いっき》に虧《か》く。

為山九仞、功虧一簣。
『書経《しょきょう》』旅獒《りょごう》篇

訳

「土を九仞の高さまで積み上げても、最後にモッコ一杯分の積み上げを怠ったのでは、せっかく積み上げた山を完成させることができない」

『書経』

『書経』の記録は、上は伝説上の堯《ぎょう》、舜《しゅん》、禹《う》から、周《しゅう》の文王《ぶんおう》、武王《ぶおう》を経て、下は春秋時代の秦《しん》の穆公《ぼくこう》にまで及んでいる。昔から帝王学の教科書として読まれてきた。ちなみに、昭和や平成の年号はこの古典からとられている。

ここに取り上げたことばは、召公《しょうこう》という重臣が周の武王をいさめたものである。

守屋's eye

最後のツメの部分で気を抜いてしまえば、完成するはずのものも完成せず、いままでの努力が水の泡になってしまうのだという。通常は、「九仞の功を一簣に欠く」という言い回しで使われてきた。

もう一押しのところで、ツメを怠ってはならない。

武王

天の試練と受けとめる

科学者の名言

天から与えられている何ものかに、ぜひとも到達しなければならない。

ポーランド生まれの物理学者、化学者
マリー・キュリー（1867〜1934）

ホッキョクグマ

マリー・キュリー

フランスのソルボンヌ大学で、寝食を忘れるほど猛勉強の日々を過ごす。その後、夫のピエールとともに放射能の研究に従事。ラジウムとポロニウムを発見し、ソルボンヌ初の女性教授となる。1903年、夫とともにノーベル物理学賞を、1911年には単独で化学賞を受賞。娘夫婦（イレーヌとフレデリック）は1935年にともに化学賞を受賞している。『キュリー夫人伝』は次女エーヴの著。

藤嶋's eye

キュリー夫人は子供たちへの教育に熱心だったようで、長女のイレーヌとその友達のために理科教室を開いていたそうです。同夫人の研究家として知られる吉祥瑞枝さんは『キュリー夫人の玉手箱』（東京書籍）を出版し、夫人がしたことと同じ内容の出前授業を各地で実施しておられます。

中国古典の名言

天《てん》のまさに大任《たいにん》をこの人《ひと》に降《くだ》さんとするや、必《かなら》ず先《ま》ずその心志《しんし》を苦《くる》しめ、その筋骨《きんこつ》を労《ろう》し、その体膚《たいふ》を餓《う》えしめ、その身《み》を空乏《くうぼう》にし、行《おこな》うことその為《な》さんとするところに払乱《ふつらん》せしむ。

天将降大任於是人也、必先苦其心志、労其筋骨、餓其体膚、空乏其身、行払乱其所為。

『孟子《もうし》』告子《こくし》篇

訳

「天がその人に重大な仕事を託そうとするときには、必ずその心を苦しめ、肉体を痛めつけてどん底の生活に突き落とし、なにごとも思い通りにならないような試練を与えるのである」

『孟子』

孟子は、みずから信ずる王道政治の理想を実現しようと、各国を遊説して要路にはたらきかけてまわる。だが、当時は各国とも富国強兵に余念がなく、理想に耳を傾ける余裕などない。それでも孟子はあきらめなかった。遊説の旅は15年にも及んだという。

このことばは、たぶんそんな孟子がみずからを奮いたたせたものであろう。烈々たる闘魂のようなものが伝わってくるではないか。

守屋's eye

苦労に負けるな、与えられた試練をバネにして自分を磨いていけというのである。

こういう時代であるから、いつなんどき逆境に突き落とされるかわからない。そんなときには、「これも天の試練なのか」と前向きに受けとめ、あわてず騒がず、ねばり強く苦境を打開していきたい。

一日一日を大切に

科学者の名言

一日生きることは、
一歩進むことでありたい。

東京で生まれ京都に育った理論物理学者
湯川秀樹（1907〜1981）

ガラパゴスノスリ

湯川秀樹

京都帝国大学理学部物理学科を卒業し、大阪帝国大学講師を経て、京大教授。中間子の存在を予言し、素粒子論展開の契機を作った。１９４３年に文化勲章を、42歳になった１９４９年に日本人として初めてノーベル賞を受賞（物理学賞）。オッペンハイマーに客員教授として招かれたアメリカの研究所でアインシュタインと出会い、以後は核兵器廃絶に向けた平和運動に積極的に貢献した。

藤嶋's eye

祖父からは5、6歳の時から漢籍の素読を習ったとのことですし、揮《き》毫《ごう》では『荘子』からの「知魚楽」と書くことが多かったそうです。

次のようなメッセージもあります。

「科学がすべてであると思っている人は、科学者として未熟である。」

「独創的なものは、初めは少数派にきまっている。」

中国古典の名言

士《し》別《わか》れて三日《みっか》なれば、即《すなわ》ちまさに刮目《かつもく》して相待《あいま》つべし。

士別三日、
即当刮目相待。
『十八史略《じゅうはっしりゃく》』巻四

訳

「ひとかどの人物は、別れて三日もたったらそれなりの進歩を遂げている。目を見開いて評価しなければならない」

『十八史略』

三国志の一方の雄《ゆう》が呉《ご》の孫権《そんけん》である。孫権の部下に呂蒙《りょもう》という将軍がいた。学問のないことを指摘されて一念発起し、こっそりと猛勉強を続けて学識を深めていったのだという。あるとき、たまたまそのことに気づいた先輩の将軍が「見直したぞ。いつの間にそんな勉強をしたのか」とたずねたところ、呂蒙の答えたのがこのことばである。

その後呂蒙は、猛勉強の成果を活かして、文武両道の名将へと、みごとな成長を遂げていったという。

守屋's eye

安閑と日々を送っていたのでは、進歩も向上も期待できない。３日は無理だとしても、せめて3年もたったら、こう言ってもらえるようでありたいものだ。

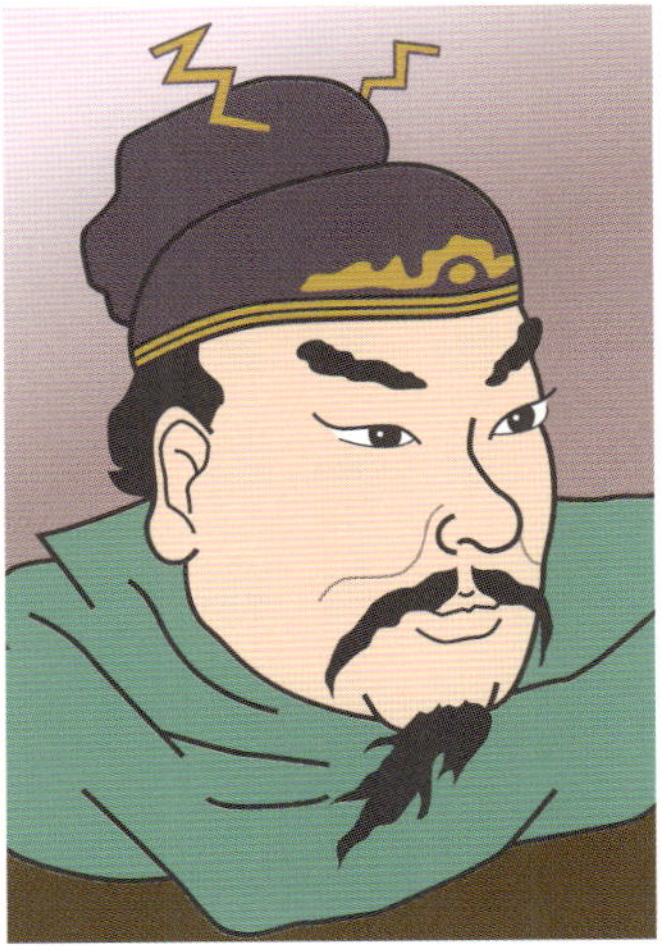

呂蒙

第6章　成功するために

偉人たちは、どうやって偉業を成し遂げたのだろうか。
彼らの言葉から、成功への鍵は
少しの意識や心がけだということが見えてくる。
ぜひ人生のヒントにして欲しい。

アフリカゾウ

大胆かつ細心に

科学者の名言

幸運は
大胆な人たちに笑いかける。

古代ギリシャの医者
ヒポクラテス
（紀元前４６０頃～紀元前３７７頃）

ハタオリドリ

ヒポクラテス

エーゲ海の小島・コス島に世襲制の医者の子として生まれる。各地で医学を学んだ後、コス島の医学校の指導者となり、多くの著作を残した。迷信や呪術から離れ、自然科学として医学の発展を築いたことから、「医学の父」と呼ばれる。医師の倫理と任務をまとめた「ヒポクラテスの誓い」は現代に受け継がれ、自然と人間の調和を重視した彼の精神はいまなお世界中で「医聖」と称えられている。

藤嶋's eye

何事にも大胆にチャレンジする人にこそ、好運の女神がほほえんでくれるものです。もちろん、細心の注意も必要ですが。

次の名言もすばらしい。
「人生は短く、術のみちは長い。」
「歩くと頭が軽くなる。」

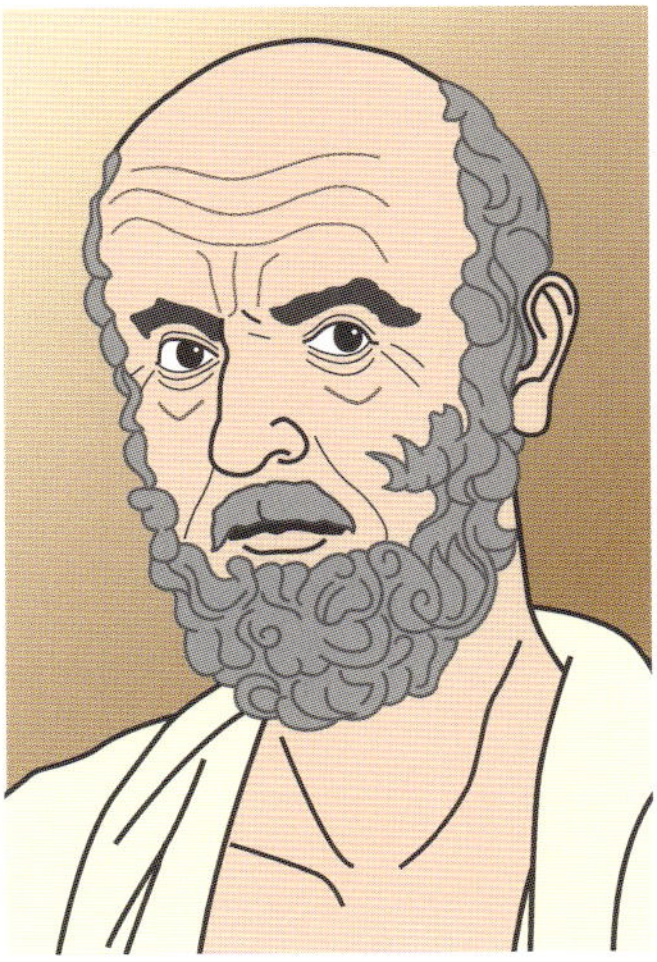

中国古典の名言

胆《たん》は大《だい》ならんことを欲《ほっ》し、心《こころ》は小《しょう》ならんことを欲《ほっ》す。

胆欲大而心欲小。

『近思録《きんしろく》』為学《いがく》類

●訳

「大胆に、かつ細心に対処したい」

『近思録』

『近思録』は、朱子学の入門書である。宋代に興った新しい儒学（宋学）は、それを集大成したのが朱子《しゅし》（名は熹《き》、１１３０～１２００）であったところから朱子学と呼ばれるようになる。ただし、世界の根本原理から個人の修養、社会道徳、はては政治哲学にまで及んでいるので、初学者にはいささか難解であった。そこで朱子が初学者向けの入門書として編んだのがこの書である。宋学の先達の言行をまとめたもの。日本でも朱子学の盛行とともに広く読まれてきた。

守屋's eye

大胆であってこそチャンスをつかむことができる。細心であってこそ仕事を成功させることができる。ただし、大胆に過ぎると、足をすくわれる恐れがある。細心に過ぎると、せっかくのチャンスをとり逃がしてしまう。大胆と細心をどう組み合わせていくか、バランスに留意したい。

朱子

一人では成し遂げられない

科学者の名言

火をおこすには、二つの火打石が必要。

古代ギリシャの数学者、物理学者、天文学者、発明家

アルキメデス

（紀元前２８７頃〜紀元前２１２）

ルリコンゴウインコ

アルキメデス

シシリー島のシラクサに生まれる。サモス島やエジプトのアレクサンドリアで学問を修めたのではないかといわれている。入浴中に「アルキメデスの原理」に気づいたという逸話は有名。揚水用のねじ（アルキメディアン・スクリュー）、兵器などを発明。てこによる力学、円周率の求め方など、数学、物理学の分野で数々の業績を残している。数学のノーベル賞といわれるフィールズ賞のメダルには彼の横顔が描かれている。

藤嶋's eye

マッチもない古い時代に火をおこすのは、大変だったことでしょう。アルキメデスの協力者が誰だったかはわかりませんが、大きな仕事は一人ではできないものですね。

中国古典の名言

一手《いっしゅ》独《ひと》り拍《う》つは、疾《つよ》しと雖《いえど》も声《こえ》なし。

一手独拍、雖疾無声。
『韓非子《かんぴし》』功名《こうめい》篇

● 訳
「片手で拍手したのでは、どんなに強く打っても音は出ない」

『韓非子』

『韓非子』は、「法家」の理論を集大成した書。全部で55篇。「東の韓非子、西のマキアベリ」と評する人もいる。作者の韓非（?～紀元前233）は戦国時代末期に現れた思想家。法家の先達である商鞅《しょうおう》、申不害《しんふがい》などの理論を継承し、荀子や老子の学説を吸収して、「法」と「術」にもとづく統治理論を完成した。人間学の上からいっても、実践的なアドバイスを数多く見いだすことができる。

韓非自身は、後に招かれて秦《しん》に赴いたが、謀略にはまって自害を余儀なくされたという。

守屋's eye

どんな傑物でも、自分一人の能力には限りがある。何か大きな仕事を成し遂げようとするなら、周りの協力が欠かせない。

韓非

時期を見計らう

科学者の名言

発想を180度変えることによって、
物事の新たな局面が切り拓かれる。
（太陽の運動と見えるものは、
じつはすべて地球の運動である。）

ポーランド生まれの天文学者、司祭
ニコラス・コペルニクス（1473〜1543）

クロカンガルー

ニコラス・コペルニクス

クラクフ大学、ボローニャ大学などで哲学、天文学、法学、医学を学ぶ。『天体の回転について』を著し、当時主流だった地球中心説（天動説）を覆す太陽中心説（地動説）を唱えたが、予想されるバチカンからの強い反発を恐れて死期を迎えるまでその公表を許さなかった。

藤嶋's eye

ガリレオ・ガリレイが宗教裁判にかけられたのが1633年。「それでも地球は回っている」とのことばは、そのときのものといわれています。コペルニクスが長い間発表を躊躇《ちゅうちょ》していた地動説を『天体の回転について』で著したのがその90年前の1543年。

フロムボルクの大聖堂の地下から発掘された遺骨と、ウプサラ大学に保管されていたコペルニクスの本にはさまっていた毛髪のDNA鑑定が一致し、遺骨がコペルニクスのものと認定されたのが2008年。最新の研究成果にも驚きます。

中国古典の名言

君子《くんし》の言《げん》に於《お》けるや、その語《かた》らざるを得《え》ざる所《ところ》に語《かた》り、その黙《もく》せざるを得《え》ざる所《ところ》に黙《もく》す。尤悔《ゆうかい》、寡《すく》なきに庶幾《ちか》し。

君子之於言也、語乎其所不得不語、黙乎其所不得不黙。尤悔庶幾寡矣。

『呻吟語《しんぎんご》』談道《たんどう》篇

訳

「君子の発言は、主張すべきときには主張し、沈黙すべきときには沈黙する。だから、後悔することも少ない」

『呻吟語』

この古典を書き残した呂新吾という人物は、権謀の渦巻く官界のなかで浮沈を繰り返していった（77ページ）。

このことばにもそういう苦い経験が滲《にじ》み出ている。

守屋's eye

声高に主張するだけが能ではない。ときには沈黙を守るのも有力な意思表示なのだという。それに、なまじ自己主張などすれば、人の怨みを買うことも多くなる。沈黙の効果を頭に入れておきたい。

ライオン

余裕をもって取り組む

科学者の名言

仕事を追え。仕事に追われるな。

アメリカの政治家、物理学者
ベンジャミン・フランクリン
（1706〜1790）

ニホンザル

ベンジャミン・フランクリン

10歳で学校教育を終える。印刷業で成功を収め、フィラデルフィアにアメリカ初の公共図書館やアカデミーを設立。政界に進出し、独立宣言起草委員の一人として、合衆国憲法制定会議に関与。科学や発明にも興味をもち、独学で様々な業績を残した。雷と電気が同一であることを立証し、避雷針を発明した。

藤嶋's eye

フィラデルフィアに行ったことがありますが、フランクリンの偉大さをひしひしと感じる町でした。物理学者としても、タコをあげて雷の原理をみずから実験したことはよく知られています。次の言葉もすばらしいですね。

「人生を大切にしたいなら時間を無駄にしてはいけない。人生は時間によってできているのだから。」

中国古典の名言

天下《てんか》の事《こと》を幹《な》すには、期限《きげん》を以《も》って自《みずか》ら寛《ゆるや》かにするなかれ。事《こと》には測《はか》られざるあり、時《とき》には給《た》らざるあり。常《つね》に期限《きげん》の内《うち》に余《あま》りあれば、多少《たしょう》の受用《じゅよう》の処《ところ》あり。

幹天下之事、無以期限自寛。事有不測、時有不給。常有余於期限之内、有多少受用処。

『呻吟語《しんぎんご》』応務《おうむ》篇

● **訳**

「ものごとを処理するには、なにごとにつけ、期限まではまだ間があるからと、のんびり構えていてはならない。先行きどんな事態が起こるかわからないし、時間に迫られることも少なくない。期限がこないうちに余裕をもって処理すれば、それに伴う効果もずいぶんと大きいはずである」

『呻吟語』

『呻吟語』という古典には、リーダーとしての心得について語ったことばが多いと述べた（77ページ）。説得力のあるリーダーをめざすためには、何よりもまず徳を身につけ、上に立つ者としての器量に磨きをかける必要がある。だが、それだけでは十分でない。仕事を成し遂げて与えられた責任を果たすためには、それなりの能力を必要とする。これにも磨きをかけなければならない。

このことばはそれについてのアドバイスである。

守屋's eye

仕事に楽しみを見いだすためにも、これくらいの余裕がほしいところである。

足もとを固める

科学者の名言

狭くとも、深くあれ。

ドイツ生まれの数学者、天文学者、物理学者
カール・フリードリヒ・ガウス
（1777〜1855）

シロサイ

カール・フリードリヒ・ガウス

幼い頃より神童といわれ、19歳で正十七角形の作図法を発見、数学界に衝撃を与えたという。近代数学をはじめ幅広い分野で業績を残し、彼の名の付いた法則などが数多く存在。磁束密度の単位ガウス（G）もそのひとつ。

藤嶋's eye

美しい結果が研究の最大の報酬とガウスはいっています。たしかに基本的な法則や原理は調和のとれた比較的簡単な式で表わされることが多いものです。

アインシュタインも式を誘導して最後の式に導いた結果、複雑な式になってしまったときには、神様はこんな複雑な式を作るはずがない、自分がどこかでまちがっているのだと再度挑戦したといいます。例えば、1905年に発表した特殊相対性理論から$E=mc^2$を導いたときの話です。

中国古典の名言

近《ちか》きを釈《す》てて遠《とお》きを謀《はか》る者《もの》は、労《ろう》して功《こう》なく、遠《とお》きを釈《す》てて近《ちか》きを謀《はか》る者《もの》は、佚《いつ》して終《おわ》りあり。

釈近謀遠者、労而無功、
釈遠謀近者、佚而有終。
『三略《さんりゃく》』下略

訳

「遠大な目標を掲げて右往左往するよりも、手近な問題を一つ一つ解決していくほうが、結局、少ない労力で大きな成果をあげることができる」

『三略』

『三略』は代表的な兵法書の一つ。『六韜《りくとう》』とあわせて「韜略《とうりゃく》」と呼ばれることもある。上略、中略、下略の「三略」から成り、それが書名の由来となった。内容は、失われた兵法書のことばを引きながら、箴言《しんげん》風の表現で、もっぱら政治思想や軍事思想を説いているところに特徴がある。だれが書いたのか詳《つまび》らかではないが、書かれた年代は漢代末期のこととされている。

守屋's eye

大きな目標を設定するのはいいのだが、それを実現するためには、足もとをしっかり固めていきたいのだという。「狭くとも、深くあれ」と一脈あい通じるものがあるかもしれない。

オオグンカンドリ

柔軟に生きる

科学者の名言

生き残るのは、最も強い種でも、
最も知的な種でもない。
最も変化に適応できる種が
生き残るのだ。

イギリスの自然科学者、地質学者、生物学者
チャールズ・ダーウィン
（1809～1882）

チャールズ・ダーウィン

子供の頃から博物学的興味を抱く。エディンバラ大学で医学、ケンブリッジ大学で神学を学ぶうち、自然史への興味を育む。イギリス海軍の測量船ビーグル号でガラパゴス諸島などへの航海に参加。後に『種の起源』を著し、生物学の基礎をなす概念の進化論を提唱した。フジツボやラン、ミミズの研究にも没頭した。

藤嶋's eye

大陸から離れたガラパゴス諸島で鳥などが大陸と大きく違いがあることを発見し、島ごとの特徴を明らかにしました。その分析力には驚きます。いまでも独特の性質などを強調するときに「ガラパゴス」という言葉が使われていますね。

中国古典の名言

上善《じょうぜん》は水《みず》の如《ごと》し。
水《みず》は善《よ》く万物《ばんぶつ》を利《り》して争《あらそ》わず、衆人《しゅうじん》の悪《にく》む所《ところ》に居《お》る。

上善如水。
水善利万物而不争、居衆人之所悪。

『老子《ろうし》』八章

訳

「もっとも理想的な生き方は、水のようなものである。水は万物に恩恵を与えながら相手に逆らわず、人のいやがる低い所へと流れていく」

『老子』

「上善如水《じょうぜんじょすい》」は、『老子』の名言の一つである。近年、酒の銘柄にもなったので、ご存じの方も多いであろう。水から学ぶべき点として、二つのことをあげているのだ。

一、相手に逆らわない柔軟性

一、低きに流れていく謙虚さ

処世の心得としても大いに参考になるのではないか。

守屋's eye

ここで注目したいのは柔軟性のほうである。

たとえば頭である。固定観念にとらわれていたのでは、変化に対応できない。頭は常に柔軟にしておく。

また、組織にしても、人事が停滞して動脈硬化に陥ったのでは、時代にとり残されていく。組織も常に柔軟にしておきたい。

行動で示せ

科学者の名言

進歩のない組織でもちこたえたものはない。

イギリスの看護師、衛生統計学者、病院建築家
フローレンス・ナイチンゲール
（1820～1910）

ライオン

フローレンス・ナイチンゲール

裕福な家庭で教育を受け、数学や哲学に興味をもつ。やがて看護の仕事を志し、34歳のとき女性による初めての看護団を率いて、クリミア戦争の野戦病院に赴く。戦後、兵士の死因を統計的に分析し、衛生管理の重要性を説く。看護専門家の養成や適切な療養空間の創造のためにも尽力した。目標の実現のために、冷静に物事を分析し、実際に提案して行動で示した人だった。

藤嶋's eye

ナイチンゲールのすばらしさは次の言葉にも表れており、感動します。

「恐れを抱いた心では、何と小さなことしかできないことでしょう。」

「価値ある事業は、ささやかで人知れぬ出発、地道な労苦、少しずつ向上しようとする努力といった風土のうちで、真に発展し、開花する。」

中国古典の名言

君子《くんし》は言《げん》に訥《とつ》にして、行《おこ》ないに敏《びん》ならんことを欲《ほっ》す。

君子欲訥於言、而敏於行。
『論語《ろんご》』里仁《りじん》篇

訳
「君子は能弁である必要はない。それよりも機敏な行動を心がけたい」

『論語』

孔子は、口は達者だが行動の伴わない人間を嫌った。数ある弟子のなかにはそんな人物もいて、しばしば孔子にたしなめられている。

「有言実行」、これもまた孔子のモットーであった。

守屋's eye

思うに、人間としての信頼性を高めるのは、発言よりも行動である。社会人して身を立てていくからには、ただの口舌の徒になってはならない。

準備なくして成功なし

科学者の名言

発見のチャンスは、準備のできた者だけに微笑む。

フランス生まれの生化学者、細菌学者
ルイ・パスツール（一八二二～一八九五）

エゾヒグマ

ルイ・パスツール

酒石酸の結晶についての研究を行う。その後、有名な白鳥の首フラスコの実験によって、アリストテレス以来2000年にわたって提唱されていた生物の自然発生説を否定。ワインの腐敗を防ぐ低温殺菌法や、狂犬病のワクチンの開発など幅広い業績を残す。

藤嶋's eye

パスツールの伝記を読むと感動します。脳梗塞《こうそく》になり半身不随になりながらも実験を続けていました。基礎から応用まで一貫して研究した研究者としてもすばらしいですね。

パスツールの若い方々への教育もすばらしかったといわれています。次のようなことばも残っています。

「青年に神聖な火を伝えるためには、自分自身が聖なる火に充ちていなければならぬ。」

中国古典の名言

勝兵《しょうへい》は先《ま》ず勝《か》ちて而《しか》る後《のち》に戦《たたか》いを求《もと》め、
敗兵《はいへい》は先《ま》ず戦《たたか》いて而《しか》る後《のち》に勝《か》ちを求《もと》む。

勝兵先勝而後求戦、
敗兵先戦而後求勝。
『孫子《そんし》』軍形篇《ぐんけいへん》

訳

「勝利を収める軍は、あらかじめ勝利する態勢をととのえてから戦う。敗北を招く軍は、戦いを始めてからあわてて勝利をつかもうとする」

『孫子』

『孫子』13篇は、数ある兵法書のなかでもとりわけ出色のものとされ、世界中で読まれている。作者はいまから2500年ほど前。呉王闔廬《こうりょ》に仕えた孫武《そんぶ》という軍師。人間に対する深い洞察の上に立って、どうすれば戦いに勝てるのか、どうすれば負けない戦いができるのか、戦略戦術のエッセンスがまとめられている。武器をとった戦いだけではなく、人生を生きていく知恵としても参考になることが多い。

守屋's eye

準備なくして勝利なし。勝利をめざすからには、万全の準備をととのえてから戦う必要があるのだという。

武器をとった戦いだけではない。チャンスをつかみ、それを物にするためにも、万端の準備を必要とすることはいうまでもない。

孫武

チャンスを活かせ

科学者の名言

いまこそ意識について
科学的に考えるべき時だ。

イギリスの物理学者、分子生物学者
フランシス・クリック
（1916〜2004）

フロリダマナティー

フランシス・クリック

ロンドン大学、ケンブリッジ大学で物理学を専攻。第2次世界大戦後、生物学に転向。みずから地道な研究を積み重ね、1953年、DNAの二重らせん構造を示したわずか2ページの論文を発表。遺伝現象の物質的基盤を示し、その後の分子生物学研究をもたらした。1962年、ジェームズ・ワトソンらとともにノーベル生理学・医学賞を受賞。その後はアメリカ・ソーク研究所において、「なぜ脳から意識が生じるか」という問題に取り組んだ。

藤嶋's eye

20世紀最大の発見とされるのが、ジェームズ・ワトソンとのDNA二重らせん構造の発表。ノーベル賞の受賞後もワトソンは『二重らせん』の本を書くなど大活躍しますが、対するクリックは一研究者として謙虚に研究に取り組み一生を終えています。私の最も尊敬する電磁誘導を見つけたマイケル・ファラデーに似たところを感じます。

中国古典の名言

功《こう》は成《な》り難《がた》くして敗《やぶ》れ易《やす》し。
時《とき》は得《え》難《がた》くして失《うしな》い易《やす》し。

功者難成而易敗。
時者難得而易失。
『史記《しき》』淮陰侯《わいいんこう》列伝

訳
「功業は成し遂げがたくして破れやすい。好機は得がたくして失いやすい」

『史記』

『史記』は漢代の史家・司馬遷《しばせん》の著。中国の最初の正史で、古代から漢代初期までの記録。全部で130巻。数ある歴史書のなかでも白眉とされてきた。『史記』のハイライトの一つが項羽《こうう》と劉邦《りゅうほう》の対決である。二人の対決のさなか、劉邦に仕えていた大将軍の韓信《かんしん》に向かって、劉邦と袂《たもと》を分かち第三の勢力として自立するよう進言する者がいた。この男が韓信の決断を促したのがここに取り上げたことばである。ためらったあげく劉邦のもとにとどまった韓信はやがて謀反の嫌疑を着せられて殺されてしまうのだが、そのさい、このことばを思い出して、いたく後悔したという。

守屋's eye

だれの人生にも、1回や2回はチャンスがめぐってくる。それを活かせるかどうかで、その後の人生ががらりと変わっていく。

司馬遷

第7章　研究はおもしろい

自然の摂理を知り、未知を発見する——。
研究は「人が生きること」につながっている。
未来を切り開く若い人たちに、
堅実さと豊かな感性をもって、その醍醐味《だいごみ》を味わって欲しい。
そんな思いを、偉人たちの言葉に込めて贈りたい。

ハヌマンラングール

自分の目で確かめよ

科学者の名言

自然は、我々の知性にとっては限りなく驚嘆すべきことを、最高度の容易さと単純さで行っている！

イタリア・ピサ生まれの天文学者、物理学者
ガリレオ・ガリレイ（1564～1642）

カバ

ガリレオ・ガリレイ

フィレンツェの彫刻、絵画の巨人ミケランジェロが亡くなった年にピサで生まれ、ユークリッドやアルキメデスの著作から数学や物理学を学び、ピサ大学で数学を教える。その後、パドヴァ大学の教授となり、幾何学、代数学、天文学を教えた。振子の等時性や落体の法則の発見、自作の望遠鏡を使った天体観測など多くの功績を残す。発見した木星の衛星はガリレオ衛星と呼ばれる。地動説を唱えたため教会から異端視され、幽閉された。

藤嶋's eye

1609年にオランダの時計屋が望遠鏡を作ったと聞くと、みずから設計して30倍の望遠鏡を作り、毎晩空を観察して月にクレーターがあることを観測して図示しました。木星には合計四つの衛星があることも見つけて『星界の報告』（岩波文庫）にまとめています。

中国古典の名言

百聞《ひゃくぶん》は一見《いっけん》に如《し》かず。

百聞不如一見。

『漢書《かんじょ》』趙充国《ちょうじゅうこく》伝

●訳

「耳で百回聞くよりも、自分の目で一回見たほうがよくわかる」

『漢書』

『漢書』は漢代の歴史を記した書。『史記』に次ぐ2番目の正史である。後漢の史家・班固《はんこ》の著で、100巻から成っている。『史記』が古代から漢代までの通史であるのに対し、『漢書』は漢代だけの断代史であって、その後の正史編纂《へんさん》の先例となった。

趙充国は漢の武帝に仕えた将軍。北方の異民族匈奴《きょうど》の討伐に功績を立てた。このことばは、いかにもそんな人物らしいコメントではないか。

守屋's eye

よく聞かされてきた成語である。だれでも身に覚えがあるのではないか。ただし、「見」が重要だからといって、「聞」の価値が減じるわけではない。「聞」も重要なのである。「聞」の積み重ねがあって、初めて「見」が活きてくることを忘れてはならない。

班固

アカウミガメ

ひとつひとつを着実に

科学者の名言

自然は飛躍して進まない。

スウェーデンの医師、博物学者、生物学者

カール・リンネ（1707～1778）

カール・リンネ

ルンド大学、ウプサラ大学で医学を学ぶ。植物学に興味をいだき、二名法による生物分類の体系を作り上げたことから、「分類学の父」と呼ばれる。ウプサラ大学の教授となり、スウェーデン国王から貴族に叙せられる。主著は『自然の体系』。現在も生物の学名は、彼の考え方に従う形で国際的な命名規約に基づいて決定されるが、分類体系自体は進化論や分子生物学の進歩とともに変化している。

藤嶋's eye

10年ほど前に、ウプサラ大学を会場とする国際会議で特別講演をさせてもらったことがあります。会議中のある日、一人でリンネ植物園内を歩きまわりました。夏でしたので午後10時ごろになってもまだ明るい園内でリンネが命名した草花を楽しみました。

中国古典の名言

いまだ知《し》りて行《おこな》わざる者《もの》あらず。知《し》りて行《おこな》わざるは、只《た》だこれいまだ知《し》らざるなり。

未有知而不行者。知而不行、只是未知。

『伝習録《でんしゅうろく》』上巻

訳

「知るということは必ず行うことに結びついていくのである。知っていながら行わないのは、ほんとうに知ったことにはならない」

『伝習録』

『伝習録』という古典は陽明学の入門書である（91ページ）。

王陽明の唱えた陽明学は、実践重視の思想として知られている。それを端的に語っているのが「知行合一《ちこうごういつ》」という四字句である。では、「知行合一」とはどういうことなのか。それを説明しているのがここに取り上げたことばである。

守屋's eye

「知」は「行」を伴ってこそ、初めて本物の「知」になるのだという。

これについて、王陽明はまた、「知ることは行うことの始まりであり、行うことは知ることの完成である。知ることと行うことを別個のものと見なしてはならない」とも語っている。

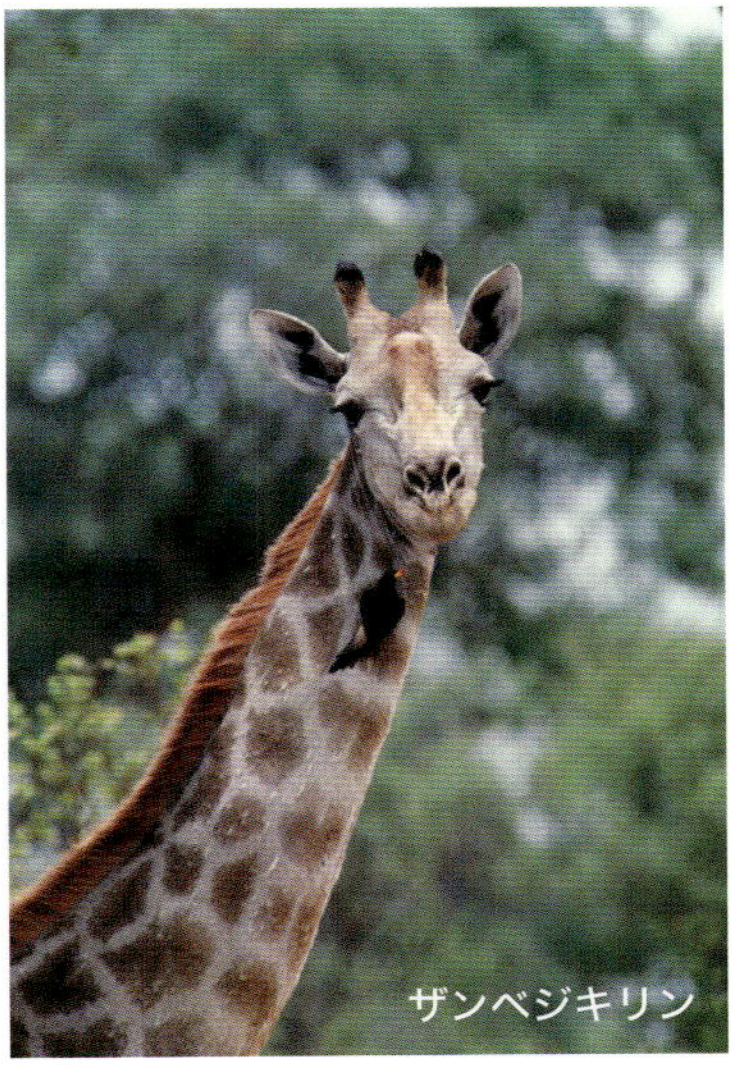

ザンベジキリン

小さなことの積み重ね

科学者の名言

同一圧力、同一温度、
同一体積において、
すべての種類の気体には
同じ数の分子が含まれる。

イタリアの物理学者、化学者
アメデオ・アヴォガドロ
（1776〜1856）

ケープシロカツオドリ

アメデオ・アヴォガドロ

大学卒業後は弁護士となるが、数学と物理学に興味をもって精力的に研究を行い、トリノ大学数理物理学教室の初代教授となる。「アヴォガドロの法則」は当初、ゲイ＝リュサックの気体反応の法則とジョン・ドルトンの原子説の矛盾を説明するための分子仮説として提案され、後に分子の実在性が証明された。

藤嶋's eye

アヴォガドロ定数とは化合物１モル（mol）には６×10^{23}個の分子があること。化学の分野では、この10^{23}の数に関連させて10月23日を化学の日としてシンポジウムなどが行われています。トリノ大学といえば20年以上にわたる友人ペリチュッティ教授が光触媒の研究をしていて、２０１２年に学長になっていた彼の招待で、特別講義をするとともに、名誉博士号をいただきました。

中国古典の名言

凡《およ》そ人《ひと》は好《この》んで小事《しょうじ》を敖慢《ごうまん》し、大事《だいじ》に至《いた》りて然《しか》る後《のち》にこれに興《おこ》りこれを務《つと》む。是《かく》の如《ごと》くなれば則《すなわ》ち常《つね》に夫《か》の小事《しょうじ》を敦比《とんひ》する者《もの》に勝《まさ》らず。

凡人好敖慢小事、大事至然後興是務之。
如是則常不勝夫敦比於小事者矣。

『荀子《じゅんし》』彊国《きょうこく》篇

訳

「人はややもすると小事だからといって手を抜いてしまい、それがやがて大事に発展してから、あわてて対策を講じようとする。これでは、初めから小事にも手を抜かず、一歩一歩着実に積み重ねていく人にはかなわない」

『荀子』

『荀子』32篇は、戦国時代中期の思想家荀子（名は況《きょう》）の著。荀子は孔子の思想を受け継ぎながら、重要なところで修正を加えている。たとえば「性悪説」を主張し、「礼」と「義」による規範を重視しているが、これは限りなく「法」に近い。だから、正統派の儒家からは異端とみなされてきた。だが、取り上げているテーマが多岐にわたることといい、明晰《めいせき》な論理の冴えといい、同時代の著作では群を抜いている。

守屋's eye

細事にも手を抜かない、小さなことの積み重ねが大事なのだという。どんな仕事にも当てはまるのではないか。

荀子

常識を超える
科学者の名言
見ていてごらん、
きっと私の説の正しさが
知られる時が来るよ。
オーストリア生まれの植物学者、
遺伝学者、司祭
グレゴール・メンデル
（1822〜1884）
ハクトウワシ

グレゴール・メンデル

修道院で司祭をしながら、エンドウマメの交配実験を行い、後にメンデルの法則と呼ばれる一連の遺伝の法則を発見したが、認められないままこの世を去る。１９００年に再発見され、現在では遺伝学の祖とされている。

藤嶋's eye

新しいことはなかなか世の中で認められないものですね。いまでは中学生でも知っているメンデルの法則が、かなり簡単な実験で見いだされたことには驚きます。本質的なことこそ、シンプルな形で発見されるものですね。

中国古典の名言

非常《ひじょう》の人《ひと》あり、然《しか》る後《のち》に非常《ひじょう》の事《こと》あり。非常《ひじょう》の事《こと》あり、然《しか》る後《のち》に非常《ひじょう》の功《こう》あり。

有非常之人、然後有非常之事。
有非常之事、然後有非常之功。

司馬相如《しばしょうじょ》「蜀《しょく》の父老《ふろう》を難《なん》ず」

訳

「尋常ならざる人物がいてこそ、尋常ならざる行動を起こし、したがってまた尋常ならざる功績も立てられるのである」

司馬相如

司馬相如（紀元前179～紀元前117）は漢代の文人。四川省成都の出身。「賦《ふ》」と呼ばれる長篇詩を得意とし、名文家としても盛名をはせた。

後世、科挙を受験する参考書として模範文を集めた『文章軌範《ぶんしょうきはん》』（正・続）という古典が編まれたとき、「蜀の父老を難ず」もそのなかに収録され、日本でも漢文が主流であった幕末から明治の初めにかけて広く読まれた。

守屋's eye

「非常の人」とは、傑物には違いないが、常識のワクには収まらない人物。八割方は誉めことばだが、あとの二割は評価を留保しているようなニュアンスが含まれている。

時代の常識に風穴を開けて、新しい時代を切り開いていくのは、こういうタイプの人物なのかもしれない。

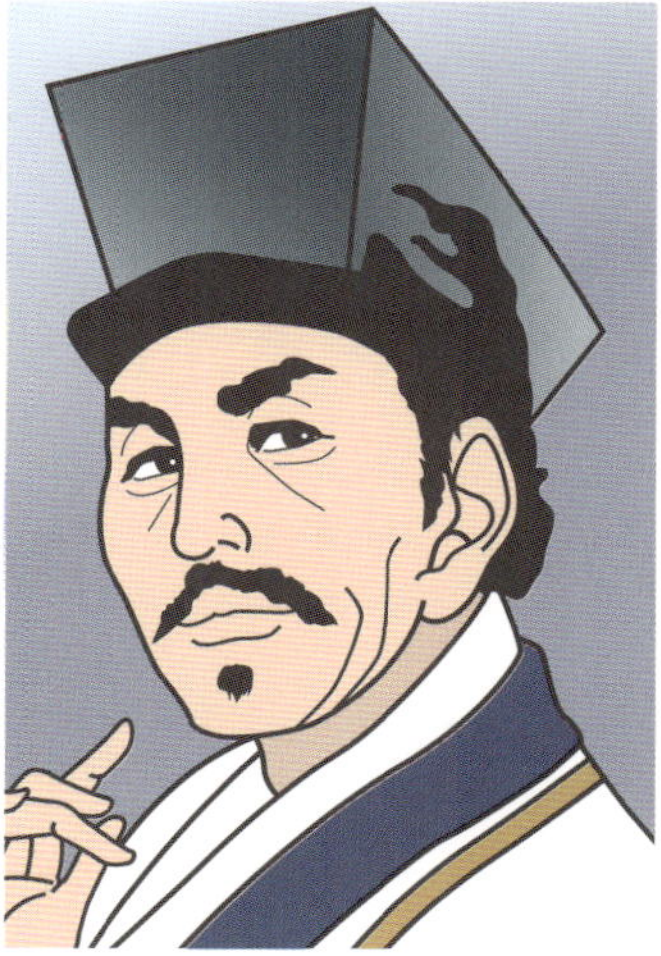

司馬相如

「知る」ということ

科学者の名言

見ることは、知ることだ。

南フランスの寒村サン・レオンに生まれた生物学者

アンリ・ファーブル（1823～1915）

ハイラックス

アンリ・ファーブル

天然アカネから染料のアリザリンを抽出・精製する技術を開発。その後、自宅の裏庭で36年間、昆虫の行動と本能の研究に没頭した。『昆虫記』は、世界中で広く親しまれている。

藤嶋's eye

ファーブルの素晴らしい観察力には驚きます。アリのこと、フンコロガシのこと、どの人も一度は『昆虫記』に感動したことでしょう。次の言葉もすばらしいですね。

「人間は自分で探し求め、発見したことしかよく覚えていることはできない。」

「私は自分の無知を、そうひどく恥ずかしがらず、わからないことについては、全然私はわからない、と白状しよう。」

中国古典の名言

由《ゆう》よ、女《なんじ》にこれを知《し》るを誨《おし》えんか。これを知《し》るをこれを知《し》るとなし、知《し》らざるを知《し》らずとなせ。これ知《し》るなり。

由、誨女知之乎。知之為知之、不知為不知。是知之。

『論語《ろんご》』為政《いせい》篇

●**訳**

「これ子路《しろ》よ、そなたに知るとはどういうことか教えてあげよう。それはほかでもない、知っていることは知っている、知らないことは知らないと、その限界をはっきり認識する、それが知るということなのだよ」

『論語』

孔子の数ある弟子のなかでも、子路（名は由《ゆう》）という弟子は古参の一人で、有名な弟子のなかでは最年長であった。勇み肌で血気にはやるところがあり、出過ぎたまねをしたり、学のないところをさらけ出したりして、しばしば孔子にたしなめられている。子路も負けてはいない。納得のいかないことがあると、遠慮なく孔子に食ってかかっていく。

しかし、このときだけはさすがの子路も、「お面《めん》！」ときれいな一本をとられて、すごすごと引きさがったのではないか。

守屋's eye

孔子の語っていることは、実行しようとすると、けっこう難しい。とりあえずは、知ったかぶりのたぐいは避けたいところだ。

子路

意味のある人生にしたい

科学者の名言

元素は原子量の順に並べると、明らかにその性質ごとの周期性を表す。

ロシアの化学者　**ドミトリ・メンデレーエフ**（1834～1907）

ホッキョクグマ

ドミトリ・メンデレーエフ

シベリア生まれだが、10代半ばにサンクトペテルブルクに移り、中央教育大学で化学を学ぶ。フランス、ドイツでの研究の後ロシアに戻る。1869年、当時知られていた63種類の元素を原子量とその性質によって分類した周期表を発表。ガリウム、ゲルマニウムなど当時未知だった元素の存在を予測（後に予測通りに発見された）。原子番号101番の元素は彼にちなんでメンデレビウム（Md）と名付けられた。

藤嶋's eye

周期表といえば、最近話題のニホニウムですね。理化学研究所から九州大学に移られた森田浩介先生を中心に見いだされた新しい元素に、日本に関連する命名がなされたことはすばらしい。

水素から始まる元素をその性質から分類して、周期表を提案したのがメンデレーエフで、化学や材料の分野で必須のテーブルです。

中国古典の名言

天地《てんち》に万古《ばんこ》あるも、この身《み》再《ふたた》び得《え》ず。人生只《じんせいた》だ百年《ひゃくねん》、この日《ひ》最《もっと》も過《す》ぎ易《やす》し。幸《さいわ》いその間《かん》に生《う》まるる者《もの》は、有生《ゆうせい》の楽《たの》しみを知《し》らざるべからず、また虚生《きょせい》の憂《うれ》いを懐《いだ》かざるべからず。

天地有万古、此身不再得。人生只百年、此日最易過。幸生其間者、不可不知有生之楽、亦不可不懐虚生之憂。

『菜根譚《さいこんたん》』前集

● 訳

「天地は永遠であるが、人生は二度ともどらない。人の寿命はせいぜい百年、あっという間に過ぎ去ってしまう。幸いこの世に生まれたからには、楽しく生きたいと願うばかりでなく、ムダに過ごすことへの恐れも持たなければならない」

『菜根譚』

せっかく生まれてきたこの人生をどう生きればよいのか。『菜根譚』がここで語っているのは、

一、楽しみのある人生

一、意味のある人生

この二つの両立をめざしてほしいのだという。

守屋's eye

ちなみに、「意味のある人生」とは、自分のためだけに生きるのではなく、人さまのためになるようなことを何か一つぐらいは心がけてほしいということである。

ホッキョクグマ

探求せよ

科学者の名言

産業は、学問の道場なり。

愛知県生まれの物理学者、金属工学者

本多光太郎（1870〜1954）

インドサイの背中に止まるアマサギ

本多光太郎

東京帝国大学理科大学物理学科において長岡半太郎らの指導を受ける。ドイツ、イギリスなどに留学後、東北帝国大学理科大学物理学科の初代教授となる。鉄の磁性研究に取り組み、当時世界最強の永久磁石鋼を発明。日本の磁性材料研究の基礎を築き、「鉄鋼の父」と称される。金属材料研究所の初代所長を経て、東北帝国大学総長。1949～1953年には東京理科大学初代学長を務めた。

藤嶋's eye

東京理科大学の葛飾キャンパスに「サイエンス道場」を作りました。初代学長の本多光太郎先生の「産業は、学問の道場なり」をかかげています。光触媒の原理であるTiO_2による水の光分解の実験装置やタイルの汚れがとれるところなどを見ていただけます。理科大の先生方の最近の研究成果も展示してあります。

中国古典の名言

万事《ばんじ》必《かなら》ず故《ゆえ》あるなり。
万事《ばんじ》に応《おう》ずるに必《かなら》ずその故《ゆえ》を求《もと》む。

万事必有故。
応万事必求其故。
『呻吟語《しんぎんご》』広喩《こうゆ》篇

訳

「どんな事態が起こるにしても、必ず原因がある。だから、それに対処するためには、必ず原因を究明してかからなければならない」

『呻吟語』

『呻吟語』の作者・呂新吾《りょしんご》は硬骨の官僚であった（77ページ）。事なかれ主義がまかり通る政治や行政の現場をいやというほど体験してきた人物である。だからこんな反省メモになったのではないか。

この問題は、政治だけではなく、人間社会に起こるあらゆる事態に当てはまることはいうまでもない。

守屋's eye

表面をとりつくろっただけでは、ほんとうの解決にはならない。原因がわかれば、どんな難しい問題でも、解決の糸口を見いだすことができる。

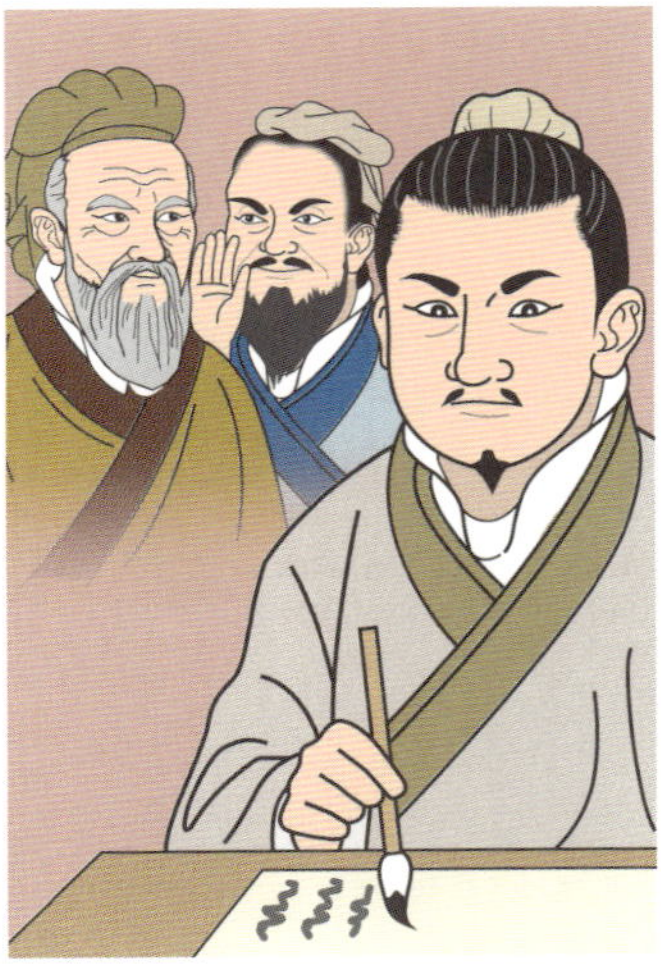

感性を鋭く

科学者の名言

雪は天から送られた手紙である。

石川県生まれの物理学者、随筆家
中谷宇吉郎（1900〜1962）

ホンドオコジョ

中谷宇吉郎

東京帝国大学理学部物理学科で寺田寅彦の教えを受け、実験物理学を志す。ロンドン留学の後、アメリカの農夫ウィルソン・ベントレーが撮った雪の結晶の写真集の美しさに感動し、北海道帝国大学にて雪の結晶の研究に着手。１９３６年、世界で初めて人工雪を作ることに成功。科学を一般の人々にわかりやすく伝えるための随筆を、寺田寅彦と同じように執筆した。『冬の華』『立春の卵』などがある。

藤嶋's eye

私も雪の写真家ベントレーの伝記を読んで感動したことがあります。母親からもらった古い顕微鏡で15歳のときから雪の結晶のスケッチを始め、その美しさに魅せられ続けて、アマチュア研究家として雪結晶の研究とその写真撮影に生涯をささげたのがベントレーです。

中国古典の名言

愚者《ぐしゃ》は成事《せいじ》に闇《くら》く、智者《ちしゃ》は未萌《みほう》に見《み》る。

愚者闇於成事、智者見於未萌。
『戦国策《せんごくさく》』趙《ちょう》策

●訳
「愚者はものごとが形をとって現れてきてもまだ気づかない。智者はものごとがまだ兆《きざ》さない段階でその動きを察知する」

『戦国策』

『戦国策』は、七つの強国が対立抗争した戦国時代に、各国を遊説して外交戦略や政策を提言してあるいた人々（「説客《ぜいかく》」と呼ばれた）の言説を集めた古典。国別に編集され、全部で33巻。いまでも交渉や説得術のお手本としたいような話がたくさん収録されている。

守屋's eye

智者とは単なる物知りではなく、こういう洞察力の持ち主なのだという。チャンスをつかめるかどうかも、この洞察力のいかんにかかっている。

では、どうすれば「智」が磨けるのか。

一、先人の知恵に学ぶ
一、人生経験を積む

この二つを心がけたい。

目のつけ所が違う

科学者の名言

ノイマン型コンピュータを
生み出した。

ハンガリー生まれの
ユダヤ系アメリカ人の数学者
ジョン・フォン・ノイマン
（1903～1957）

後ろから見た2匹のアライグマ

ジョン・フォン・ノイマン

幼少期より英才教育を受け、ブダペスト大学、ベルリン大学、チューリッヒ大学で数学、化学の分野を学ぶ。アメリカに移住し、プリンストン高等研究所の数学の教授となる。ゲーム理論の成立と経済学への応用、現在のほとんどのコンピュータの動作原理となっている「ノイマン型コンピュータ」の考案など、広範な領域で活躍した。

藤嶋's eye

ノイマンは8歳で微分積分を完全に理解していたそうです。先に紹介したアインシュタインもユダヤ系ですね。私のアメリカの知人でも、ユダヤ系の科学者は多いです。

アメリカの高等研究所でコンピュータの開発を行い、現在の基本形となっています。経済学でのゲーム理論などを始め、ノイマンの研究は各方面で応用されています。

中国古典の名言

墨子《ぼくし》、木鳶《ぼくえん》を為《つく》り、三年《さんねん》にして成《な》り、蜚《と》ぶこと一日《いちにち》にして敗《やぶ》る。弟子《ていし》曰《いわ》く、「先生《せんせい》の巧《たく》みなること、能《よ》く木鳶《ぼくえん》をして飛《と》ばしむるに至《いた》る」。墨子《ぼくし》曰《いわ》く、「吾《われ》、車輗《しゃげい》を為《つく》る者《もの》の巧《たく》みなるに如《し》かず。咫尺《しせき》の木《き》を用《もち》い、一朝《いっちょう》の事《こと》を費《ついや》さず、而《しか》も三十石《さんじっせき》の任《にん》を引《ひ》き、遠《とお》きを致《いた》し力多《ちからおお》く、歳数《さいすう》に久《ひさ》し。今《いま》、我鳶《われとび》を為《つく》る。三年《さんねん》にして成《な》り、蜚《と》ぶこと一日《いちにち》にして敗《やぶ》る」。恵子《けいし》これを聞《き》きて曰《いわ》く、「墨子《ぼくし》は大巧《たいこう》なり。輗《げい》を為《つく》るを巧《こう》とし、鳶《とび》を為《つく》るを拙《せつ》とす」。

墨子為木鳶、三年而成、蜚一日而敗。弟子曰、先生之巧、至能使木鳶飛。墨子曰、吾不如為車輗者巧也。用咫尺之木、不費一朝之事、而引三十石之任、致遠力多、久於歳数。今我為鳶。三年成、蜚一日而敗。恵子聞之曰、墨子大巧。巧為輗、拙為鳶。

『韓非子《かんぴし》』外儲説《がいちょせつ》左上

訳

「墨子が木で鳶《とび》を作った。三年がかりで完成したが、一日飛んだだけで、こわれてしまった。

『木の鳶を飛ばされるとは、先生の腕もたいしたものですね』

弟子が感心すると、墨子はこう答えた。

『いや、車の輗《くびき》を作る者にはかなわない。わずか一尺ばかりの材木で、一日の手間もかけないで作りあげ、それでいて三十石もの重いものを載せて、遠くまで運ぶ力がある。しかも、何年も長持ちする。わしの作った鳶は、三年もかけながら、一日飛んだだけでこわれてしまった』

これを聞いて、恵子《けいし》という人物がこう語った。

『墨子というのは、たいした技術者だ。空を飛ぶ鳶を作った者より、車の輗を作る者のほうが腕達者だとわかっているのだからな』」

守屋'seye

墨子（69ページ）は腕利きの技術者でもあった。その面目をよく伝えているのが、このエピソードである。人文系の私にはよくわからないところもあるが、この話のやりとりには技術の神髄にふれる部分もあるのではないか。

好きこそ物の上手なれ

科学者の名言

ふしぎだと思うこと
これが科学の芽です。
よく観察してたしかめ
そして考えること
これが科学の茎です。
そうして最後になぞがとける
これが科学の花です。

東京に生まれ京都で育った物理学者
朝永振一郎（1906～1979）

ネコ

朝永振一郎

京都帝国大学理学部物理学科卒業。理化学研究所を経て、ドイツのライプツィヒに留学し、ヴェルナー・ハイゼンベルクの研究グループで原子核物理学や量子場理論を学ぶ。東京教育大学（現・筑波大学）教授（後に学長）。量子力学の矛盾を解消し、相対性理論と結びつけた「くりこみ理論」を完成させ、1965年、リチャード・ファインマンらとともにノーベル物理学賞を受賞。原爆に反対する平和運動にも力を入れた。

藤嶋's eye

化学を専攻する者にとっても量子力学は基礎中の基礎として重要科目でした。大学2年生の春休み、朝永振一郎著の『量子力学』（上・下）の厚い2冊の教科書を伊豆・妻良《めら》の民宿で大学の同級生5人で輪読し、5日間で読み終えたときの感激を思い出します。読了後、伊豆大島へ渡り三原山に登ったのが50年以上も前のことです。

中国古典の名言

**これを知《し》る者《もの》はこれを好《この》む者《もの》に如《し》かず。
これを好《この》む者《もの》はこれを楽《たの》しむ者《もの》に如《し》かず。**

知之者、不如好之者。
好之者、不如楽之者。
『論語《ろんご》』雍也《ようや》篇

訳

「理解することは、愛好することの深さに及ばない。愛好することは、楽しむ境地の深さに及ばない」

『論語』

孔子という人は、すでに述べてきたように、恵まれない育ち方をしたうえに、その後の人生も苦労の連続であった。だが半面、この人は人生を楽しむ術《すべ》もよく心得ていたらしい。

このことばもまたそういう人物ならではのアドバイスである。

守屋's eye

仕事にしても、いやいやしていたのでは、進歩も向上もないし、成果もあがらない。見ているほうまでつらくなる。

諺《ことわざ》にも「好きこそ物の上手なれ」とあるではないか。そのうえに、楽しむ余裕が出てくれば、もはやいうことはない。

笑いものになってこそ

科学者の名言

**少なくとも一度は
人に笑われるような
アイデアでなければ、
独創的な発想とはいえない。**

アメリカの実業家、
コンピュータ・ソフトウェア開発者
ビル・ゲイツ（1955〜）

一番上がコツメカワウソ、ほかは左からスプリングボック、
オグロヌー、コンゴニハーテビースト、クーズー

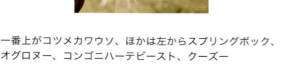

ビル・ゲイツ

高校時代にコンピュータに興味をもち、ハーバード大学入学後に友人とプログラミング言語の一つであるＢＡＳＩＣの開発に成功。大学を休学してマイクロソフト社を創業した。ＭＳ－ＤＯＳやＷｉｎｄｏｗｓを開発し、同社は世界最大のソフトウェア会社となった。現在は同社の会長職に退き、妻と設立した慈善団体で貧困撲滅等の活動に専念。『グーテンベルク聖書』やレオナルド・ダ・ヴィンチの手稿を個人で保有していることでも知られる。

藤嶋's eye

小学生のときに偉大な発明家の伝記をたくさん読み、10歳になるまで、自宅にあった百科事典は最初から最後まで読破したとのこと。高校生のときには友人と会社を創業し、交通量計測システムを州政府に納入したりと活躍したそうだ。やはり普通の人とは違うわけだと納得しました。

中国古典の名言

上士《じょうし》は道《みち》を聞《き》いては、勤《つと》めて能《よ》くこれを行《おこ》なう。中士《ちゅうし》は道《みち》を聞《き》いては、存《そん》するが若《ごと》く亡《ぼう》するが若《ごと》し。下士《かし》は道《みち》を聞《き》いては、大《おお》いにこれを笑《わら》う。笑《わら》わざれば、以《も》って道《みち》となすに足《た》らず。

上士聞道、勤能行之。中士聞道、若存若亡。下士聞道、大笑之。弗笑不足以為道。

『老子《ろうし》』四十一章

●訳

「すぐれた人物は、『道』について教えられると、すぐに実行する。中程度の人間は、『道』について教えられても半信半疑である。つまらぬ人間は、『道』について教えられると腹をかかえて笑い出す。こんな連中に笑われないようなら『道』とはいえないのである」

『老子』

『老子』の主張する「道」とは、万物の根源にあって、万物を成り立たせているもの。ただし、目で見ることもできないし、耳で聞くこともできない。「無」としか言いようのない存在なのだという。『老子』の論説はこの「道」なる存在を前提にして展開されている。このことばは、それに対する人々の反応である。

守屋's eye

いつの時代でも、常識のレベルを突き抜けていった発想や見解は、同時代の人々からは容易に受け入れられないのである。それが先覚者の宿命なのかもしれない。

ハクトウワシ

あとがき

私が言うのもおかしな話だが、なかなかユニークな本になったのではないかと思う。

このような本を出すことになったのは、藤嶋先生の発案であった。私は声をかけてもらって大いに共鳴し、喜んで協力させてもらったのである。

その気にさせられた理由は二つあった。

一つは、藤嶋先生が理系の方にしては珍しく中国古典に造詣が深く、かつこの上ない理解者であること。

もう一つは、これを機会にもっと多くの理系の皆さんに、中国古典の魅力の一端を知ってほしかったこと。

この二つである。

本文でも取り上げているのだが、『易経』という古典に、

「前言往行を識《しる》して、以ってその徳を畜《やしな》う」

ということばがある。

先人の言行に学んで人間力に磨きをかけてほしいのだという。

本書がその一助になってくれることを願っている。

なお、中国古典から取り上げたことばは、『論語』、『老子』、『菜根譚』、『呻吟語』からの引用が4割近くを占めている。意図してそうしたわけではなく、自然にそうなったのである。

これらの古典はいずれも人間学の教科書として読まれてきたものである。このさい、少しは中国古典も読んでみようかと思われる方は、このあたりから参入すると入りやすいかもしれない。

思わず手前味噌のＰＲになってしまったが、最後に、このような機会を与えてくださった藤嶋先生に、あらためて感謝の意を表しておきたい。

守屋洋

著者
藤嶋 昭
（ふじしま・あきら）

東京理科大学学長。中国工程院外籍院士。1942年、東京都生まれ。東京大学大学院博士課程修了、工学博士。67年に酸化チタンを使った「光触媒反応」を世界で初めて発見し、化学界で「ホンダ・フジシマ効果」として知られる。78年から東京大学工学部助教授、教授などを経て、2005年に東京大学栄誉教授。10年から東京理科大学学長。主な著書に『教えて！藤嶋昭先生　科学のギモン』（朝日学生新聞社）、『理系のための中国古典名言集』（同）など。

著者
守屋 洋
（もりや・ひろし）

中国文学者。SBI大学院大学教授。1932年、宮城県生まれ。東京都立大学大学院中国文学科修士課程修了。中国古典の翻訳や解説に関する書籍を多数執筆している。現代社会で先人の知恵を生かすためにビジネス向けの著述や講演にも力を注ぎ、中国古典を平易な語り口でわかりやすく説いている。主な著書に『中国古典一日一話』（三笠書房）、『ビジネスに効く　教養としての中国古典』（プレジデント社）、『決定版・菜根譚』（PHP研究所）など。

本著で掲載した動物の写真は、すべて動物写真家の田中光常先生が撮影されたものです。25年にわたり朝日小学生新聞で連載した「ときめき地球の仲間」と、次の書籍に掲載された写真から使用させていただきました。

『動物ワールド』田中光常、クレオ
『夢みる動物たち』田中光常、講談社
『ねこ・ネコ・子猫』田中光常、山と渓谷社
『犬のかわいい撮り方』田中光常、ジュリアン

写真
田中光常
（たなか・こうじょう）

動物写真家。1924年、静岡県生まれ。北海道大学水産学部卒。日本の動物写真家の先駆けとして、戦後から北極や南極を含めた世界各地の動物たちを追い続けた。日本パンダ保護協会会長や世界自然保護基金日本委員会（WWFJ）顧問などもつとめ、動物や自然の保護活動にも尽力した。代表作『世界野生動物記』（朝日新聞社）など、100冊以上の著書を手がける。2016年5月に逝去。

科学者と中国古典名言集

２０１６年11月30日　初版第一刷発行
２０１９年９月30日　第二刷発行

著　　者　藤嶋　昭
　　　　　守屋　洋
写　　真　田中光常

発 行 者　植田幸司
発 行 所　朝日学生新聞社
　　　　　〒１０４−８４３３
　　　　　東京都中央区築地５−３−２　朝日新聞社新館９階
　　　　　電話　０３−３５４５−５４３６（出版部）
　　　　　www.asagaku.jp（朝日学生新聞社の出版案内など）

編　　集　高見澤恵理
ＤＴＰ・装丁　松本菜月
イラスト　佐竹政紀
写真提供　田中光常動物写真事務所
印 刷 所　株式会社シナノパブリッシングプレス

ISBN 978-4-907150-96-9